Why Women Cheat?

女人為什麼要說謊？LIE

凱文・王◎著

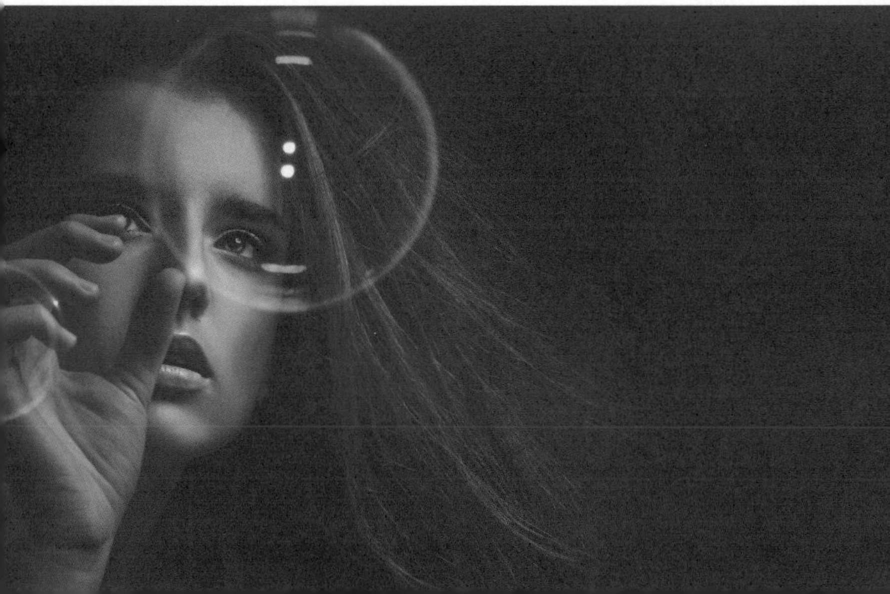

篇首語

編輯部

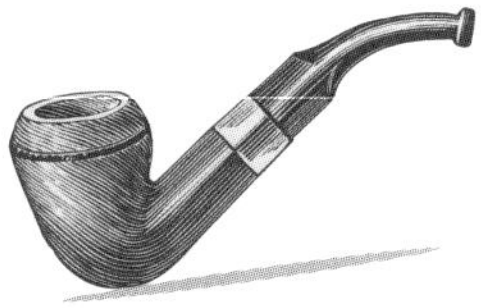

透過謊言看女人心計

女人是可愛的，男人無不這麼想；女人又是可恨的，男人同時也會發出這樣的感慨。

皆因，女人貌似清純柔弱，卻是謊言高手：即便想分手，也不會那麼直接了當；口口聲聲說不介意男人是否有錢，卻又口是心非，簡直比愛因斯坦的相對論還要複雜；總是顧慮重重，不惜掩飾、偽裝、示弱，種種謊言藉口紛紛登場，雲山霧繞讓男人摸不清頭腦。

其實，女人把說謊當成天經地義的，是對男人的一種暗示，希望男人明白自己的心思，希望自己在男人眼裡更完美、更出色。

女人心，海底針。

她們生性敏感，心思又十分細密，以致思維是曲線的，讓男人覺得無規律可循；她們說話欲蓋彌彰，總喜歡讓男人來猜。可惜，男人的思維是直的，很容易將女人說的假話當真。結果，直線與曲線各行其道，誤了許多姻緣。

最常見的片段是：有兩個男人在身邊時，女人跟一個聊得熱切，卻冷落另外一個，那麼這個女人更有意哪個男人？

相信很多男人想都不想：「她肯定喜歡那個與她聊天的。」這是男人的思維和邏輯，女人的用心，恰恰相反。這也是女人的一點心機，她在試探那個被自己冷落的男人：「他對我這麼做有什麼感受？我不理他，他會不會主動理我？」

女人多抱怨，男人多心酸。

說到底，女人愛男人，愛的是一種能力，一種社會地位，一種保障感。她在不斷試探，不斷考驗，不斷經營，不斷鬥爭，這一切離不開謊言的作用。這是女人的詭計，也是女人的聰明。

無怪乎張愛玲說：「你向女人猛然提出一個問句，她的第一個回答大約是正史，第二個回答就是小說了。」

小說，以編造與虛構取勝，誇張是其中極具文學色彩的修辭方法。

每個男人都希望讀懂女人這部小說，看穿女人心，抱得美人歸。這本女人的測謊書，就是從愛情、婚姻、分手、曖昧、婚外情、家庭生活等八個方面入手，以女性心理為出發點，揭示她們為何遲遲疑疑，不肯說出實話的緣由。作者透過講述發生在身邊的一個個真實的情感故事，輔以心理剖析，讓男人瞭解女性，讀懂女性，一對一解決遇到的困境和難題。

如果你想瞭解身邊的女人，這本書就是一把開啟情感牢籠的鑰匙，幫你在情場上立於不敗之地。

如果妳是一位女性讀者，為男人讀不懂妳的「謊言」而煩惱，那麼，請妳帶著他一起來品讀，共同推開幸福的大門。

不管你們正在戀愛中，或者已經步入婚姻殿堂，或者正為出軌痛苦，或者只是玩曖昧……一切的一切，本書都會有所涉獵，讓你們輕鬆看透愛的本質，享受愛的美妙。

自序

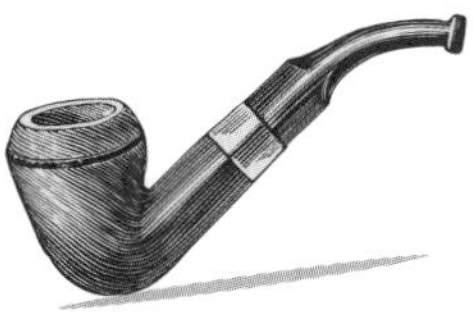

凱文・王

一個老男人的忠告：識破女人的謊言，才能猜對女人的心思

我，一個老男人，事業有成，婚姻美滿，太太溫柔賢慧，子女聰明懂事。在過往的職業生涯裡，我創立過公司、擔任過評審、上過電視節目、教過學生，見多了滾滾紅塵中的癡男怨女，對於人性心理有著深入而透徹的瞭解。因為懂得，所以灑脫。沒有了情感糾葛的牽扯，也不求飛黃騰達的榮耀，生活倒也安寧自在。

可是在我周圍總有那麼一些男人，無時不在為愛情和婚姻痛苦煩惱。在他們眼裡，女人總是難看透，女人總是費琢磨。是對女人瞭解不夠，投入不夠，還是另有原因？

閒來無事，我很想寫下這些發生在身邊的故事，不為別的，只為了給男人們提個醒：女人不僅會發動「眼淚攻勢」，還會用謊言來偽裝自己。只不過她們的謊言更多是為了掩飾，為了虛榮，為了使事情看起來更完美。

如果說，女人是一桌盛宴，那麼，這桌盛宴上有一道菜必定叫謊言。正是這些雲裡霧裡的謊言，遮蓋了女性真面目，讓很多男人摸不清頭腦，辨不清方向，最後不得不從情場上一敗再敗。

在女人的諸多謊言中，最典型的就是說反話。她說：「我恨你，恨透了。」就是：「我愛你，我天天在為你憔悴。」她說：「其實你人真的很好。」意味著她不打算做你的女朋友了。她說：「我不要。」其實是：「我想要。」

這種「反話定律」令男人害怕，因為男人的直線思維模式不會拐那麼多彎。

由此可知，世間太多的男人錯過心儀的女人，皆源於識不透她們謊言背後的真相。畢竟，即便「透視裝」穿在女人身上，男人想看的「重點部位」，還是模糊不清。

那麼，女人為什麼要說謊呢？

除了天性使然，很大程度上是男人逼的。在這個世界上，女人是弱者，自然構造使她失去了體力，意識形態又使她失去了權力，缺乏這兩種能力的人，除了說謊，還有什麼能比這更好地對付既有體力又有權力的男人呢？所以有人說，男人說謊讓人想起狼，女人說謊讓人想起羊；羊無論怎麼說謊都是善良、軟弱的，狼即使不說謊也仍然是兇狠的。

女人說謊，也可能是一種善意，想掩蓋住心靈的傷疤，使其看起來不至於怵目驚心。

其實，女人的謊言並不難看穿。只要男人用心了，就會發現那些謊言十分淺顯易懂，根本不值得推敲。謊言之所以流行，是男人不屑於去發現，去解讀。

因此，我想對男人說，不要小瞧了女人，也不要高估了女人，說謊是她的一種天性和一種生活方式。透過說謊減壓，逃避煩惱，就如同躺在男人的懷裡撒嬌，有什麼不好？

在謊言中構築屬於自己的空間，女人實現了自我滿足，做為男人，既不要輕易揭穿謊言，也不能無視謊言的存在。因為只有識破女人的謊言，才能猜對女人的心思，獲得完美的愛情。

透過現象看本質，我會在書中為讀者朋友一一講述身邊發生的那些情感故事，揭示女性謊言的種種狀況，以及各種應對措施，希望對你有所幫助。

目錄

第三章 其實你真的很好——不要迷戀我，會讓你吃盡苦頭

第四章 看上你可不是因為你的口袋——貪圖男人的錢，更貪圖男人的愛

第五章 婚姻需要經營，幸福需要對手——會愛的不如會裝的

第六章 我要生活，不要生氣——今天埋下的地雷，明天就會引爆

第七章 演好家庭和諧這場戲——挖個坑，讓男人跳

第八章 危機時代危機的愛——傷不起的永遠是女人心

Contents 01

愛把謊言當誓言——騙時代潛伏著的男女本色

女人那點心思，說到底不過是把最好的自己表現出來。為此，她們會裝得嬌滴滴，盡顯女人味；她們會「一點都不痛」地割雙眼皮，使自己更漂亮；她們會把 100 美元的衣服說成 100 元台幣的，讓老公覺得自己會持家；她們隱瞞孩子在學校的不良表現，以求家庭和諧，社會認可；她們把「不愛錢」、「不生氣」掛在嘴上，即使有了曖昧之心，也要千萬次地說：「我不想這樣……」

01「我從來沒想過這個問題」

【潛臺詞】如果你非要跟我戀愛，我也沒別的辦法。一切都是你的主意，我，可沒有主動喜歡你哦！

夜裡，熱播的電視劇中男女主角相處多時，彼此愛慕，就差戳破窗戶紙了，偶然的雨後，男人送女人回家，鼓足勇氣向女人表白：「我喜歡妳，一起戀愛吧！」女人一臉無辜的表情看著男人，然後輕輕地說：「我從來沒有想過這個問題。」

男人驚訝得眼珠子都要掉出來了：「怎麼會？難道妳對我一點感覺都沒有？」

看到這裡，身邊的老婆插了一句：「這個男人太單純了，女人不過是說說而已。」

女人不過是說說而已，男人卻當了真，不知道接下來該怎麼辦，很痛苦地認為女人沒把自己當回事，根本沒有喜歡上自己。

這是年輕男人常常遇到的困惑之一，他們不太瞭解女人，不知道女人在愛情面前也喜歡說謊，謊言是她們常備的愛情必需品之一。

女人是含蓄的，敏感的，不會輕易說出「愛」，也不會輕易答應男人的「求愛」。

讀大學時，我負責班級的文藝活動，陶碧文是我們班公認的才女，每次舉辦活動都少不了她的幫忙。我們在一起合作得很好，關係漸漸地熱絡起來。一些同學開始拿我們開玩笑：「你倆真是天生一對！」說者有意，聽者有心，我確實很喜歡她，不僅有才華，還長得漂亮，能不讓人心動嗎？

可是我不敢向她表白，也不知道害怕什麼，就是說不出口。

過了段日子，暑假到了，大家忙著訂票收拾行李。我是當地人，樂得清閒，看著平日裡成雙成對的男女同學為了暫時分別而依依不捨的樣子，心裡便出現想能跟陶碧文聊聊，說說心裡話。我想來想去，決定以給她買票為藉口與她套交情，我對她說：「我家就在火車站附近，幫妳買票很方便的。」陶碧文沒有拒絕，還表示了感謝。

票買好了，我興沖沖地約她出來走走。

一切都很順利，我們在校園中漫步，天南地北地聊著，身旁不時經過一兩對戀愛的男女，都是卿卿我我的樣子。在一棵枝葉婆娑的桐樹下，我們停住了腳步。這時，我不知哪裡來的勇氣，忽然抓住她的手，語無倫次地說了一大堆表達愛意的話。具體怎麼說我現在已經記不清了，總之是表示了求愛之意。

陶碧文顯然缺乏準備，她很緊張，先是不知所措，然後一下甩開我的手，語調急促地說了句：「我從來沒想過這樣的事。」說完轉頭跑開了。

我當時尷尬極了，認為自己失戀了，她拒絕了我，我們之間完蛋了。

假期中，由於忙著聯繫工作、實習等事情，我幾乎沒有與她互通訊息。

新學期開始了，我們好像都忘記了那個夜晚的事，一如往常地辦活動，談藝術，只是我再也沒有向她表達過什麼。她呢，據說家裡幫忙安排了很好的工作，畢業就可以回去上班了。

我的這段萌動之愛，就此不了了之。

多年後同學相聚，還有人拿我倆開玩笑：「你倆很速配啊！怎麼沒交往？」

我笑著說：「她看不上我啊！」

她半真半假地說：「呵呵，你也沒看上我吧！要是看上了，還不追我？」

我心想，怎麼沒追妳，妳不是拒絕了嗎？但現在的我不再那麼幼稚，我已經明白她的那句話，不過是一個美麗的謊言，不是真拒絕，而是真曖昧。

心理剖析

女人是含蓄的，敏感的，不會輕易說出「愛」，也不會輕易答應男人的「求愛」。她說「我沒有想過這個問題」，給男人的直接感覺是「我不是隨便的女孩，不會輕易答應男人的求愛，包括你。」

這句話很傷男人心，尤其是涉世未深的男人，覺得女人瞧不上自己，對自己毫無感情。其實，他們沒有看透女人的心思，女人面對男人的求愛表白，很少直接痛快地答應，哪怕她們心裡很願意。她們與男人不一樣，從性別來說，女性在配偶選擇上，更謹慎、擇優性更強。簡單而隨便地答應一個男人的求愛，預示著這段愛不夠珍貴，她們會擔心男人不珍惜自己，因此，她們總是一而再地考驗男人，目的就是要求男人真心愛自己。

她說「我沒有想過這個問題」，深層的含意是，我對你的感覺還不錯，可以考慮與你繼續交往下去。只是你要記住，這是你主動求愛，你應該表現的更真情、更迫切。

【見招拆招】

不要擔心女人說「我沒有想過這個問題」這句話。她說了，表明對你有一定好感，最起碼並不討厭你。那麼，接下來你就該努力表現了。當她這麼說的時候，你完全可以開玩笑地回答：「從現在起考慮也不晚，我有的是耐心和恆心。」既顯示了幽默，也表達了真情。一般情況下，女人都會開心地笑笑，即便不能直接答應你，也不好再說反對的話，說不定對你的好感指數還會升高。

02 「你會得到你想要的自由」

【潛臺詞】有句話是怎麼說的？哦，「在天願為比翼鳥，在地願做連理枝」，除此之外，你想要的自由，我不會干涉。

熱戀中的男男女女，海誓山盟，卿卿我我，彷彿掉進了蜜糖罐中，只管盡情享受美味，卻不知有朝一日如何逃脫出身。

女人如此，男人也如此。不管女人說什麼，熱戀中的男人都會相信。

劉若英和黃立行有一首合唱歌曲叫做《分開旅行》。為什麼相愛的兩個人要分開旅行呢？其中有句歌詞叫做：「懷疑啊，是可怕的武器，謀殺了愛情。」想必是兩人之間不斷的猜疑，讓彼此的關係到了一個緊張的地步，只有放鬆彼此、獨自進行一場旅行，方能讓雙方冷靜下來，有一個理智思考的空間。

這首歌反映了一個很常見的現象，在愛情中的兩個人，多少都會有吃醋、嫉妒的情緒，看到自己愛的人和其他異性在一起時，難免心中不滿。甚至有時候沒有看到，只憑自己主觀臆想，懷疑對方正在和別的異性約會。這是一種嚴重的不安全感。而這種不安全感，則更多地表現在女人身上。

女人天生敏感，但有時就是由於過分敏感，總會無中生有地「捏造」一些「外遇」來誤會對方、激怒自己。有人說：婚姻就像一桌酒席，愛是主食，寬容、理解、信任、尊重就是一道道菜，欣賞、幽默、趣味就是酒和飲料，只有同時具備上述幾種物品的酒席，才算得上完美無缺的酒席。而嫉妒、猜疑就像是一塊臭肉，會破壞整個精美的宴席。

陳宇杰和張曉琳是我國中時的同學，剛成家的時候，兩人之間充滿了關愛和信任。後來，陳宇杰升了職，工作也就越來越忙，經常加班到很晚才回家。

一開始兩個人還能在家裡愉快地進行交流，但隨著陳宇杰的不斷早出晚歸，愉快的交流不斷減少。於是，張曉琳慢慢有了一些想法：陳宇杰周圍那麼多漂亮女孩，個個都比自己年輕漂亮，他每天晚歸，是不是不再愛自己了……

張曉琳越想越不放心，每次陳宇杰晚歸，她總是頻繁地打電話找陳宇杰，不管陳宇杰是在開會，還是在接待客戶，張曉琳總是時刻想知道陳宇杰在幹什麼，和誰在一起，什麼時候回家……張曉琳總是不斷地猜疑：是不是陳宇杰假藉加班或忙著工作另尋新歡，在外約會偷情去了……

每當陳宇杰拖著疲憊的身體回到家裡，張曉琳不是搜陳宇杰的口袋，就是聞陳宇杰身上有沒有別的女人的味道，還不時地盤問到底去了哪裡，是不是有了情人……陳宇杰越說沒有，張曉琳越是懷疑。甚至，張曉琳曾多次向同事打聽自己的老公和公司裡的哪位女人關係不錯，是不是有了外遇。

隨著時間的流逝，張曉琳的疑心也在不斷地增長，兩個人的內心也產生了巨大的隔閡。彼此之間的關愛和信任沒有了，取而代之是無休止的爭吵。最後，陳宇杰無法忍受張曉琳的無端懷疑和無理取鬧，痛苦地選擇了分手。

離婚後，陳宇杰從張曉琳的朋友那裡得知，其實張曉琳一直在深愛著他，也許就是因為錯了位的愛，才產生了很多莫名其妙的不信任。但張曉琳卻沒想到，對自己所愛的人，因為那些不信任的舉動，給對方造成了巨大的傷害，導致最後分手了。

心理剖析

愛情是從彼此看對眼開始的，但是很多愛情慢慢變成女人盯男人，男人躲女人，因為男人總怕被女人盯太緊，她專注的目光會讓男人渾身不自在。

女人對男人說：「你會得到你想要的自由。」指的是經她許可的自由。而男人一廂情願地以為，自己還可以和從前一樣，愛做什麼做什麼，是個快樂的單身漢。

對這句話理解上的本質差異，成了日後男女之間的痛苦根源。女人，總是覺得男人對自己不夠體貼、不夠關心，太自私了；男人，認為女人太纏人，對自己管束太多，由於缺乏自由空間，他會消沉懶惰，甚至有了抵抗情緒。

愛情發展到這種地步，當初的「自由」之說，就成了徹頭徹尾的謊言。

其實，女人從一開始就要明白，不管妳如何愛一個人，都不能剝奪他自由飛翔的權利。否則，就算對方是天使，也有累的時候，也會離妳而去。

【見招拆招】

女人許諾給男人「自由」，男人該怎麼辦？

如果愛得很深，就把它當作女人的一句「甜言蜜語」，姑且聽之，不可信之。

如果缺乏深厚的感情基礎，可以告訴她，自由是很寶貴的東西，不是說說就能做到的，請她慎重考慮。

如果對那個女人沒有多少意思，那乾脆回答：「可是妳給不了。」

03

「我不要，我不想……」

【潛臺詞】我是說，除了能要的，其他可以不要；除了能想的，其他可以不想。

阿滿剛進公司時在我手下工作。小夥子工作認真，積極肯做，進公司不久就連創佳績，屢受表揚。阿滿是當地人，女友是他的大學同學，家在外地，畢業後沒有回去，跟他留在我們這座城市。阿滿對她很負責任，不像有些年輕人，只圖一時歡愉，不想日後生活。人們一看就知道，阿滿和女友是朝著結婚的目標談戀愛的，彼此都有承諾。

聽阿滿說，女友非常懂事，從沒有過分要求，可以說百依百順。這樣的女孩現在很少見了，多的是野蠻女友、拜金女郎，阿滿還挺幸運的，遇到了這麼單純可愛的女孩子。

一次，阿滿帶女友到公司玩，那天正好發薪水，阿滿由於工作出色，拿到了獎金。幾個年輕女孩圍著阿滿的女友，嘰嘰喳喳地給她「出主意」，有的說：「讓他帶妳吃西餐，公司附近剛開了一家餐廳，裝修特別有味道，真像是去了義大利的感覺。」有的說：「聽說香奈兒出了新款套裝，去買件漂亮衣服穿，不然就落伍了。」……

她們說的開心，阿滿的女友卻不為所動，總是笑瞇瞇的一言不發。後來，阿滿徵求她的意見，只見她搖搖頭，輕輕地說：「我不想要那些東西。」

阿滿真是一臉幸福，得意地朝著女同事揮揮手，帶著女友離開了。那個樣子，明顯是在告訴人們：瞧見了嗎？我的女友一點都不俗氣！然後，帶著女友一一實踐剛才幾個女孩的建議。

享受美好愛情的阿滿開始考慮婚姻大事。他的家庭條件比較好，父母收入很高，在他工作後就給他準備了一間房子，而且還做了全面裝修。阿滿和女友在那裡舉辦了浪漫婚禮，高興地住進了新居，日子過得舒舒服服。

後來，阿滿的父母退休了，就到東部買地建屋，搬過去養老。他們原來的房子不住了，自然交給阿滿夫婦打理。阿滿兩口子經過幾年奮鬥，已有了小積蓄，加上有兩間房子，日子過得很幸福。這時，阿滿的老婆有了新想法，想把自己的父母接到北部，把老房子讓給他們居住。

可是這一主張遭到了公婆反對，他們說：「這間房子租出去，每年能收入很多，如果給親家住了，這筆錢該誰來補償呢？」

公婆的態度讓她很失望，難道我遠嫁他鄉這些年，辛辛苦苦為你家做了這麼多，還不夠一間房租錢嗎？從這以後，她沒有了往日的隨和與大度，一反常態，與老公大吵大鬧，非要他同意自己的想法，把自己的父母接來住。

阿滿很為難，一方是父母，一方是老婆，自己站在哪一邊都不妥當，到底該怎麼辦？他想到老婆從來不是蠻不講理的人，也說過不會貪圖父母財產的話，如今為何盯住一間房子不放，難道她變得世俗了，功利了？

心理剖析

女人說「不要」，一定是「要」，女人說「不想」，一定是「想」。所以才有了「女人喜歡說反話」的定論。

男人求愛時，女人通常的反應都是「不要，不想」，半推半就的樣子無非是想勾起男人征服的慾望。

面對一個有所拒絕的女人，男人變得更有激情，更有信心。而女人如果直接明白地、毫無遮攔地同意男人的請求，則會使求愛遊戲變得索然無味。

回到故事中，當初女友說「不要，不想……」，讓阿滿覺得她是個多情的女孩，更值得愛惜。而一旦婚後過了磨合期，女人不需要激發男人的征服慾了，好多事、好多話就不再那麼含蓄和講策略，直接說出來也沒什麼，所以，女人變得潑辣大膽，講求效率和實用性，為了生活什麼都敢要、敢想。

【見招拆招】

當女人說「不要，不想」的時候，男人一定要記住「反話」理論，帶著她去「要」去「想」，她說「不要吃西餐」，盡可以帶她去吃，吃完了她可能嘴上說「不好」，可是心裡和行動上一定是高興的。

她說「不想你」，你盡可以開心地給她打電話、發簡訊訴說忠誠，她可能嘴上反感你，可是內心一定快樂，行動上也一定積極與你互動。

常見一對經常碰撞的男女最後開始交往，就是因為這種對立與爭吵，不過是掩飾內心敏銳情感的外包裝，是自我保護的武器。

至於阿滿的困惑，他認為老婆變了，其實只是老婆婚後顯露出了真實的一面。這不是什麼大錯，不用大驚小怪，一間房子不足以破壞兩人的感情。可以跟父母解釋一下，岳父岳母只是來住住，不會賴著不走。一般父母都不會絕情到不讓親家進門。

但是父母肯定有自己的想法，有自己的擔心。現在他們不清楚你是想把房子「借」給岳父岳母，還是「送」給岳父岳母，所以一定要明確財產的歸屬。

04「我相信，你是對的」

【潛臺詞】我說話向來不怎麼算話，今天覺得你對，明天就不一定了。我對你的信任，隨著心情會變化哦！

阿明去相親時，非要叫我去作伴。這種場合一定尷尬極了，我再三推託，可是他還是拉著我走了。我不想掃他的興，畢竟他已經三十歲了，一直單身一人，想來日子不怎麼好過。阿明談過幾次戀愛，有一次都談婚論嫁了，卻因一句話吹燈拔蠟。他與那一任女友同齡，女友沒有正式工作，幫著姑姑跑生意。恰好阿明所在公司與她有業務來往，一來二去兩人熟悉起來。

阿明職位高收入高，有身分有地位，卻不嫌棄沒有工作的女友，而且跟她很談得來。

阿明屬於內向喜靜的個性，平日裡言語不多；女友與他相反，活潑好動，能說會道，擅長接人待物。照說他們的個性差異很大，交往會有阻礙，可是事實證明，個性互補有利於男女互動。

阿明很喜歡女友，經常在一起品嚐美食、逛古董店挖寶、看電影、玩遊戲，不亦樂乎。

終於，阿明情不自禁向她訴說了心事，希望與她攜手共老。

女友其實早就有所察覺，可是她沒有直接表態。她是很喜歡阿明，也覺得他條件很好，不過她擔心自己配不上他。一個沒有工作的女人，與一個收入穩定職位較高的公司高層主管，確實存在著很大距離。

但是阿明不這麼認為，他說：「職業不是問題，再說這種差異也有利於互補嘛！就像個性不同可以互補一樣，妳動我靜，不是配合的很好嘛？」

女友考慮了幾天，同意了阿明的求愛，她含情脈脈地看著阿明的眼睛說：「我相信你，你是對的。」

轟轟烈烈的戀愛開始了，像所有熱烈的男女一樣，他們度過了激情而美妙的幸福時刻。

隨著兩人關係的逐步深化，矛盾也在一點點曝露。阿明發現女友太隨意了，接觸的人太雜，就對她說：「以後妳不能這樣做，應該安安心心在家過日子。」

女友不以為然：「他們都是我的朋友，為什麼不能來往？」

阿明說：「不是不讓妳來往，而是要有選擇，不能什麼人都交往。」

女友說：「你怎麼知道我沒有選擇？」

阿明一聽不耐煩了：「妳跟那些人在一起，真是沒有品味！」

女友一下子急了，吼道：「你罵人，你才沒品味！酸溜溜的，書呆子氣。」

兩人越吵越兇，最後不歡而散。

阿明不想跟女友道歉，可是也不想關係就此止步，最後還是主動約女友見面。女友看上去很不開心，這是從來沒有過的情緒，阿明預感到了不妙。果然，兩人沒說幾句，女友就說他們之間不合適，彼此缺乏瞭解，沒有共同語言等等。

阿明很傷心，他不想失去這份感情，卻也沒有更好的說詞，就搬出了女友當初的誓言：「妳說妳相信我的，我是對的，為什麼遇到一點問題就退縮了？」

「……」女友有些意外，沒說什麼，或者只是不想說什麼。

後來，幾經折騰，他們還是沒有在一起。

現在阿明又要去相親了，不知道這次他會遇到一個什麼樣的女孩，又會有怎麼樣的愛情經歷？

心理剖析

與男人相比，女人生性敏感而脆弱，更喜歡依賴他人。我們看到小女孩動不動就哭，不經意聽到別人一句話也會傷心半天，這是天性決定的。她們把外部世界看作一個充滿「關係」的世界，並且用「關係」衡量周圍的一切：父母的愛，朋友的情，情人的愛……

為了維持「關係」穩定和諧，她們喜歡追求完美，與他人比較，喜歡依賴別人，希望獲得別人憐愛與幫助。儘管她們有能力處理某些問題，也要表現出「弱者」的姿態，對男人說：「相信你，你是對的。」

男人向來希望被女人崇拜，聽了女人的肯定，他們會激情高漲，充滿鬥志，「牡丹花下死」，在所不辭。

所以，女人的示弱是她非常喜歡的花招，從小到大，屢試不爽。

然而花招的背後，隱藏著巨大的秘密，這就是獲取男人的責任心。當一個男人肯為女人負責時，就意味著他願意為她奮鬥一生，還有什麼比這更值得的呢？

【見招拆招】

男人，說到底是一種虛榮的動物，最喜歡聽到女人的肯定和讚美。

女人或許真的認為你很棒、很對。但是男人聽了不可以沾沾自喜，因為女人善變，今天的肯定絕不代表明天的認可。她們說「你是對的」，表示內心深處對你有一種依賴，正是這種依賴決定日後如果你有什麼風吹草動，都會被她們放大，認為你背叛了她。

所以，對於女人的信任，男人切記一以貫之，不能半途而廢。

同時，不要重提女人說過的關於「信任」的話，女人是感性的，與她們講道理，男人不是對手。故事中的阿明舊事重提，認為女友出爾反爾，這只能加重女友的反感。

遇到這種情況，男人只能就事論事，表示出你的意見，希望與她重修舊好，至於其他問題，以後慢慢解決。

05 「我不會讓你有任何改變」

【潛臺詞】我是說，只要你合乎我的要求，我就不會操心費力重新打造你了。

在我們社區有對公認的模範夫婦，兩人常常手牽手在夕陽下散步，看上去那麼和諧愜意。

一些女人問妻子：「你們這麼多年相敬如賓，其中有什麼秘密嗎？」

妻子微笑著說：「結婚那天，我想，為了將來的幸福我要容忍他的一些缺點。當時，我經過思索覺得10個缺點還是忍受得了的。於是，我開始在日記本上列出他的毛病，我很認真，因為我知道對他的這些毛病我是絕不干涉或者抱怨。」

「您列出的是哪10個毛病？」女人們追問。

妻子笑著搖搖頭，回答道：「我一直沒有時間把這些毛病寫下來。每次他做錯了事，惹我生氣了，我只好對自己說，『這次算他走運，犯的是我容忍的10個毛病之一，不然，我絕不饒他。』」

這樣的智慧有多少女人能夠擁有呢？

回顧愛情路，有許多熱戀中的女人曾經對男人許諾「我不會讓你有任何改變」，「你就是最好的」。她的眼裡心裡，這個男人意味著一切，只要他想的、做的，全都毋庸置疑，完全合乎自己的心意。他們就是天生一對地設一雙，遇到他，就遇到了真命天子。

甚至，為了愛情女人會做出很多犧牲，很多改變，卻滿眼裡沒有一絲情人的缺陷和不足。我的朋友國威有點殘疾，與一位女子戀愛了。女友十分愛他，簡直把他視為珍寶，絲毫沒有在意他腿瘸的毛病。可是女子的家人不同意，覺得一個好好的女孩幹嘛非要跟這樣的男人在一起，於是百般阻撓。

俗話說，阻力越大，愛情的魔力越大，這句話用來形容他們太恰當了，女友表現出大無畏的精神，一再對國威表態「你就是最好的」，「放心吧！我們在一起不會讓你有任何變化，我會好好愛你。」

他們相戀並開始交往，雖沒有結婚，卻過起柴米油鹽醬醋茶的日子。

愛情無限美，生活來擋道，過日子並沒有談戀愛那般美妙，女友從小嬌生慣養，沒做過多少家事，國威只好主動承擔起了大部分家務事，照顧她，照顧著兩人的生活。

為了生計，他們不得不早出晚歸地找工作賺錢。有一次，女友下班後與男同事喝酒，深夜方歸，國威大為震怒，兩人吵了起來。

幾天後，還是國威率先提出和解，擁住女友說對不起。不過，他們的爭吵增多，女友對國威的不滿也日漸增多，什麼太邋遢，襪子都不洗啦；做的飯菜口味太重，不利於美容啦；他的朋友太粗俗，她不喜歡啦；還有他的腳不方便，不能陪自己逛街啦……似乎忽然間她發現了一個新「國威」，太多不可思議，不能容忍。

一次又一次為小事爭吵，一次又一次女友要求國威怎麼做會更好、怎麼改有利於事業進步。國威聽得頭都大了，這是當初那個為了自己甘願忍受一切的女人嗎？這樣下去，他們還有未來嗎？女友是後悔了還是不想跟自己了？

面對國威的苦惱，我很想安慰他，卻又覺得無能為力。女人，在自己男人面前總是這麼自以為是，這讓我想起看過的一篇博士論文。

有位社會學博士以《愛情與婚姻的辨證關係》做為自己的畢業論文選題。他掌握了兩份資料，其一是雜誌社提供的四千八百份調查表：什麼在維持婚姻中發揮著決定作用（愛情、孩子、性、收入、其他）？90%的人回答是愛情。其一是從法院民事庭提供的資料，在四千八百對協議離婚案中，真正因感情徹底破裂而離婚的佔不到10%，他們大多是被小事分開的。

一個案例中，離婚者是兩位老人，他們離婚的原因是妻子是素食主義者，丈夫受不了；而丈夫嗜菸，妻子強烈反對。另一對離婚者結婚不到一年，他們離婚的原因很簡單，丈夫睡覺時喜歡開窗子，這讓妻子難以接受……

心理剖析

不可否認，女人比男人更容易頭腦發熱、言語衝動，因為感性決定她們缺乏理智的思考和負責任的心態。

所以，女人說了不算，不會受到太多質疑，好像她們天生就是這樣的，只有太認真的人才會把她們的話當真。

也許基於這個原因，女人在熱戀中的誓言，往往比男人更狠、更切、更辣，給人的感覺是更真、更重，也更有情。

其實，女人的誓言一定會兌現嗎？

很多女人在說出誓言的時候，恐怕還沒有預料到誓言的後果是什麼。例如「我不會讓你有任何改變」這句話，她想告訴男人的是，我想一直愛你愛下去。她絕對沒有想到男人還有那麼多無法容忍的缺點在等著自己。有些女人也許真的能一直愛下去，但她一定是麻痺自己不去關心那些缺點，就像前面說的那對模範夫婦中的妻子，忍耐比改變更有用。

可是，多數女人沒有明白，在選擇愛情的同時，也就選擇了一種生活方式。這種生活方式決定著婚姻的和諧。許多女人都心存幻想，認為彼此可以改變，可以改變自己，改造老公，讓彼此更適應更幸福。這種觀點是錯誤的，成熟的婚姻不只是兩個男女肉體、精神的結合，還要和對方的習慣、背景結合。

【見招拆招】

研究發現，婚前對對方的某種遺憾和不滿，婚後遲早會以更劇烈的形式爆發。

請你記住，不要試圖去改變自己迎合女人，也不要試圖去改變女人滿足自己。不要以為為了愛情可以犧牲一切，有些習慣是你永遠無法扔掉的。

彼此適應，而非改變，是愛情和婚姻更明智的選擇。

現在請你問問自己，要是她五十年內不改變，你會滿意嗎？要是自己五十年不變，她會滿意嗎？如果答案是否定的，那你們還是不結婚為妙。

06 「一生只愛你一個」

【潛臺詞】今天對你說，不代表明天不對他說。一生中有無數個「此時此刻」的愛，足夠對無數個男人說「只愛你一個」。

阿偉是我的朋友，他一直單身，卻並不寂寞，總是喜歡到酒吧尋找已婚的女人尋歡。對他來說，這些女人有老公，還想要一個情人，為什麼不能利用這個機會滿足一下自己的需要呢？有的女人對阿偉很癡迷，愛到情深處會說：「我這輩子只愛過你。」這樣的表白誰不喜歡聽？可是世故的阿偉通常不怎麼當真。

阿偉唯一一次去情人家，是情人想向老公提出離婚。也許她對阿偉動了真情，認為阿偉應該負擔責任，對她有所承諾。畢竟，情深意迷時她多次對阿偉說：「我這一生只愛你一個。」在這種情況下，阿偉能說什麼？他甚至沒有說「這不關我的事」的權利。當她在他耳邊抱怨老公懶惰、無能，繁重的家事都是她一個人做的時候，阿偉說：「那就離開他。」而不是說：「讓我幫你做。」因為他認為情人沒有必要承擔丈夫的責任。但情人認定阿偉背叛了她。阿偉很委屈，他對我說：「其實她應該明白，再癡心的情人也不願意陷入另一對夫婦的家庭瑣事中。」

阿偉的這種愛情模式看似瀟灑，實則暗藏危機。

還有一次，阿偉與他的情人之間出現了矛盾。這次阿偉有些認真了，與情人纏綿悱惻許多時日，覺得自己不能離開她。情人呢，從阿偉那裡得到了溫柔和銷魂的愛，十分癡迷，與阿偉立下誓言：一生只愛你一個。

阿偉是情場老手，但也無法拒絕這句話的魅力。他專情於這位情人，真有把她娶回家的打算。

伴隨這種心理滋長，他發現自己心理上的失落感和感情上的嫉妒心越來越嚴重。他清楚「她是有夫有子的，我知道我們的關係應該有什麼樣的限度。可是每個星期天我都不得不一個人度過，那時候她正在家裡與老公、孩子享受天倫之樂。所有的節日也是，有一天，我獨自一人去參加一個熱鬧的晚宴，大家都成雙入對，只有我沒人陪伴，就像一個年老色衰、被人拋棄的怨婦……」他心愛的情人可以隨時享受到家的溫暖、親人的關懷，可是他想得到歡樂和安慰，卻不得不等「太太們」方便時發出信號，才可以付諸行動。

聽了阿偉的抱怨，我大惑不解：「她不是結婚了嗎？阿偉，你還想得到什麼？難道真想等她離婚嫁給你？」阿偉顯得心力交瘁，一口喝乾了手裡的白蘭地，憂悶地說：「她說只愛我一個，為什麼還要和老公、家人在一起，拋下我不管？我把心都交給她了，她即便不能都給我，至少也該像我一樣自由，不用為了掩飾我們的關係東躲西藏。你知道嗎？在別人眼中，我不過是一台供她消遣的性機器，一個小丑。」說著，他埋頭痛哭起來……

心理剖析

不要以為只有男人愛表白，女人同樣喜歡表白自己多麼愛一個男人，無非是想獲得男人死心塌地的信任，從而讓他擔負起愛她的責任。

哪個男人不喜歡女人說「一生只愛你一個」？這樣的絕對忠誠，絕對愛情，男人聽了一定愛心勃發，哪怕不怎麼愛這個女人，也覺得有義務為她付出。

女人的心計向來深藏不露，以「愛」打動男人，是擄獲他們的最佳利器，誰讓男人總是那麼自大虛榮、自以為是呢？

但是，「唯一的愛」這種說法不管出自男人的嘴還是女人的嘴，都是不值得相信的一句謊言。從人性角度講，它違背了人類繁衍生息的本質。在原始社會為了繁育後代，男女都要不停戀愛，與不同異性結合，才能實現重任，像這樣為了一個異性就不再接受其他人的想法與做法，太不切實際。

不是為了愛而性，而是有了性才愛，這才是人類戀愛的實質核心。

只是，社會進步人類發展，性愛披上了太多虛偽的外衣，為此男男女女不得不說一些違心的、討好對方的話，以使愛情看起來更美好，婚姻可以更堅實。

【見招拆招】

姑且聽之，姑且信之。

面對女人第一次愛的表白，男人不會當面戳穿，哪怕心裡一清二楚，也會裝得是那麼回事。這樣的男人很高明，也有容忍之心。

但是，對於女人出爾反爾的做法，恐怕沒有幾個男人會忍受。那麼，如果你還是愛她，就給她機會，給她時間，等她去實踐諾言。如果你不再愛她了，也不要有上當受騙的想法，畢竟相愛是雙方的事，男人更該大方些，放她走吧！任她去吧！這樣的結局會更好。

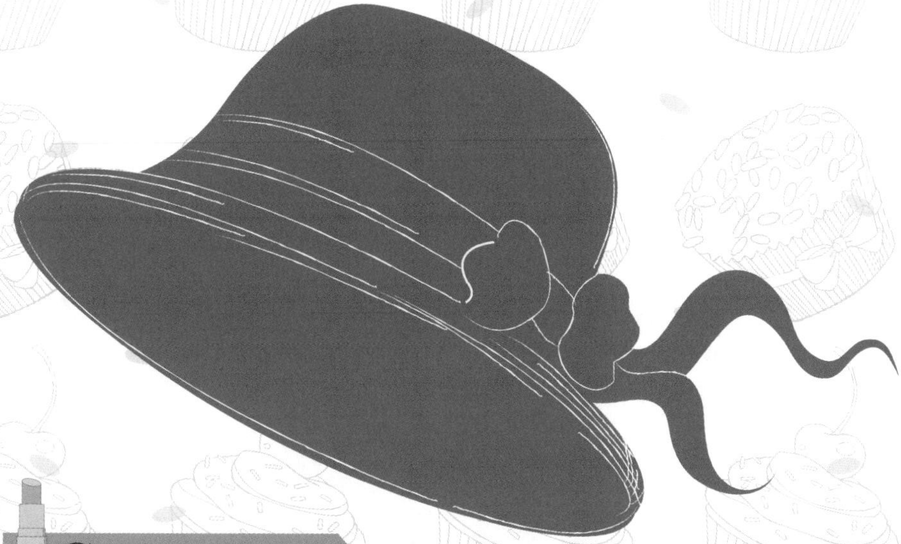

Contents 02

愛你在心口難開——每個女人頭上都戴著一個叫「虛榮」的緊箍咒

有兩個男人在身邊時，女人跟一個聊得熱切，卻冷落另外一個，那麼這個女人更有意哪個男人？相信很多男人想都不想：「她肯定喜歡那個與她聊天的。」這是男人的思維和邏輯，女人的用心，恰恰相反。這也是女人的一點心機，她在試探那個被自己冷落的男人：「他對我這麼做有什麼感受？我不理他，他會不會主動理我？」

女人心，海底針。

世間太多的男人女人，會錯過心儀的對象，源於愛「裝」，源於識不透「裝」背後的真相。

畢竟，即便「透視裝」穿在女人身上，男人想看的「重點部位」，還是模糊不清。

07「有壞人在追我」

【潛臺詞】親愛的，你就是我心目中的大英雄，現在我為你編排了「英雄救美」的大戲，快來參演吧！

朋友的女兒快三十歲了，步入「剩女」之列，卻依然不急不躁，每當父母催她趕緊戀愛時，總有好多藉口，要嘛說沒有喜歡的，要嘛說不知道怎麼跟人交流。總之，就是無法進入戀愛狀態，好像缺少愛情細胞一樣。她父母很著急，見了我們，總要抱怨一番，忘不了叮囑一下：「有合適的小夥子，別忘了給女兒介紹介紹。」

這樣的事情現在屢見不鮮，難道女孩談戀愛真的如此之難嗎？

前幾天參加一對年輕男女的婚禮，新郎帥氣有才，新娘美貌溫柔，婚禮現場熱鬧有序，辦得十分成功。到場嘉賓紛紛向新郎新娘敬酒，都說他們真是天作之合，並要求他們說一說相識的經過。

這是很多婚禮的必經過程，有很多年輕小夥子在旁邊起鬨：「哥兒們，說說你是怎麼追到嫂子的，也讓我們學學經驗。」

伴隨著大家的歡笑聲，新郎首先開了口，他說他們是三年前認識的，當時他才剛開始工作不久，為了趕業績常常加班。一天夜裡，他加班後獨自回家，已是夜裡十多點鐘了，白天的喧囂淡去，街道上路人稀少，涼風習習，倒也不失情調。他正走著，忽然一個女孩子快步走近他，低聲說：「對不起，後面有人跟蹤我，麻煩你送我一程好不好？」

他很驚訝，但還是答應了女孩子的請求。女孩子與他一樣，也是加班後往回家路趕。他們的住處恰好離得不遠，正好一路趕回去。

之後，他連續遇見女孩子多次，每次，他們都是結伴而行，女孩子說有了他的保護，現在加班方便多了，父母也放心多了。再以後，他瞭解到女孩子上班的公司與他們公司在同一棟辦公大樓，有時候坐電梯也會遇到。

女孩子為了表示謝意，請他到家裡坐，他呢，也回請她。漸漸的，兩人交往愈深，最終墜入情網。那個女孩子就是今天的新娘。

沒想到現實生活中還有這樣頗具離奇色彩的愛情劇碼上演，嘉賓們顯然有些激動和意外。那幾個起鬨的小夥子又叫起來：「嫂子，他說的是真的嗎？是什麼壞人在追妳？」

新娘子一直滿面紅暈，聽了這話，臉更紅了。在眾人催促下她忍不住道出了實情。原來，她常常跟新郎一同進出辦公大樓，坐同一班車回家，早就對他有了好感，很想與他認識，只是礙於情面不好主動表示。想來想去，就想到了這麼一個計策，一方面考驗他的為人，一方面增加了接觸機會，後來還帶他回家給父母認識，以便確定戀愛關係。

新娘的話引來掌聲一片，嘉賓們都說：「這位新娘不簡單，懂得為自己創造機會。」

婚禮結束，我不免想起朋友的女兒，在職場打拼也好，為事業奮鬥也罷，是不是該學學這位新娘，也動動心機，讓喜歡的男人愛上自己？

心理剖析

女孩子為了擄獲男人心，總有數不清的小心機，有時候讓男人覺得不可思議：「她們為什麼不直接跟我表白呢？」女孩就是這麼奇怪的動物，在愛情遊戲中，她們喜歡玩「猜猜看」，比如她會讓男友猜測早上吃了什麼？喜歡哪部電影？最崇拜的明星是誰等等。每當男友回答錯了，她就會很傷感地說：「你對我一點感覺都沒有，看來你一點也不喜歡我哦！」這讓男人摸不著頭腦。

要女孩直接表達愛意，是非常困難的事。出於愛面子的心理，也是出於自我保護的心理，她們會想方法讓男人主動表白，比如「有壞人追我」，讓男人瞬間產生英雄氣概，覺得保護她這個弱小的、受欺負的女性是義不容辭的責任。

英雄救美，這一戲碼千百年久演不衰，想必古往今來的女性都懂得其中奧妙。

【見招拆招】

男人很想讀懂女人心，為的是可以自如地與之交往。偏偏女人善於掩藏，從不輕易說出自己的心思。這下子男女之間的遊戲就好看好玩了。一方面男人為追不到喜歡的女人而煩躁，一方面女人為喜歡的男人不追自己而苦惱。

要想在這場遊戲中勝出，男人必須瞭解女人的一些小心機，特別是女人想愛又不敢愛時的特殊表現，一定要做到心中有數。

比如「有壞人追我」這句話，擺明了是向你尋求保護，你該怎麼辦？出手援助幾乎是多數男人的選擇。之後，如果覺得可以，談談戀愛也無妨。如果沒有這方面的意思，幫了也就幫了，做了一件好事，不圖回報也沒什麼。

08「我雖然不漂亮，但很有氣質」

【潛臺詞】你發現了嗎？我跟你很搭調。我的意思是如果可以，我們是不是可以談談？

在現實生活中，傻女人常常以相貌來給女人分類，分為漂亮和不漂亮兩種。漂亮女人，就有好歸宿、有好生活；不漂亮的女人，則註定了要當一輩子洗衣做飯的黃臉婆。有這樣想法的女人，往往將精力花在打扮自己、籠絡男人眼光的心思上。而聰明的女人，則有自己獨特的分類標準和「本事」，即將女人分為漂亮和有氣質兩種。再漂亮的女人，如果沒有氣質，總會顯得俗氣，年輕時是男人的花瓶，中年時是男人的拖油瓶，老了則成為家裡的藥瓶；而有氣質的女人，即使不夠漂亮，卻總能給脫不開孩子氣的男人一些致命的吸引力，她們不光是男人的伴侶，更會是男人背後有力的支柱，精神上的維他命。

為了生意的事，最近常常和朋友一起去夜總會，在那裡認識了一位叫阿蘇的女人。第一次見她的時候，她身著紫色絲絨旗袍，儀態大方，光彩照人。她喜歡喝1985年產的紅蔓莊園葡萄酒，喜歡不動聲色坐在一邊默默注視著每位客人。

最初，我和朋友都以為她在等人或者做某種職業，因為她總是獨自一人，落寞而寂寥。後來，我們慢慢發現她每週週末都會來，每次都是只喝一杯葡萄酒就走人。我察覺到她似乎對我的朋友有意思，因為每次不經意抬頭都能看見她，她在默默注視著朋友。

我對朋友說：「嗨，她對你有意思啊！」

朋友木然地說：「是嗎？我怎麼不知道。」

我們開始觀察她，無論是應酬的空檔，還是聚會的片刻，或者舉起放下酒杯的瞬間。

朋友對她的關注更多，直到有一天他興沖沖跟我講：「那個女人原來與我在同一商務區上班。她的公司在A座七樓，我的公司在十二樓。這幾天我們常常一起坐電梯上下班。」

阿蘇說不上漂亮，但身上散發出的氣質十分令人著迷，朋友每天與她見面，形成了一種默契，先是問好，然後替她按下七樓的電梯按鈕。彼此相視而笑，最後她在朋友注視下快步離開。

朋友明顯感覺到了曖昧的氣息在他們之間流淌，卻不知如何應對，這個女人，彷彿一個謎讓他百思不得其解。有次我在電梯上同時遇到他倆，為了打破僵局，說了句生硬的玩笑：「認識妳這麼漂亮的女士，真的很榮幸。」她抿嘴笑笑說：「說笑了，我哪裡漂亮，只不過還有點氣質罷了。」她是說給朋友聽的嗎？還是有其他意思？真是玄妙。

心理剖析

一個女人向男人表現自己的優雅氣質，是在傳達一種愛的訊息。女人可能不好意思說自己多漂亮，但她一定勇於承認自己的氣質多不俗。哪怕她俗氣的要命，也會笑話那些不如自己的人。

氣質是女人的另一張面孔，看不見、摸不著，卻最容易讓男人產生聯想。

男人渴望滿眼盡美女，但美女只可養眼，很難養心。所以聰明的女人一面謙虛地說：「我不漂亮」，一面城府深深地說：「但我很有氣質」，給男人的感覺她是一個不可多得的有修養的女人，與她交往，一定會很愉快、很輕鬆、很有品味。

所以，別以為說這話的女人只是簡單表述了一下自己的狀態，其實暗藏心術。

只是這種說法有時候太過深奧，男人不見得聽懂。故事中的阿蘇從一開始喜歡男友，直到最後也沒有明確示愛。這種愛，難免太過含蓄。

【見招拆招】

男人喜歡美女，更喜歡有氣質的美女。當一個女人對你說自己「雖然不漂亮，但很有氣質」時，一定是說自己是氣質美女。怎麼樣，這樣的女人還不趕緊追嗎？

女人的暗示，男人可以當真，也可以裝傻。

當真時，就要順著她的意思說：「我最喜歡有氣質的女生」，看看吧，她一定笑得春光燦爛。

裝傻時，也不要太無情無趣，儘管說「妳真是有氣質，一定有很多人追吧」好了。既表達了讚美之意，還不失君子之度，更重要的是讓她感覺你對她沒有意思。很多人都在追的女人，你不會湊熱鬧。

09 「我本來不想，是她們……」

【潛臺詞】其實我也很想，只不過不好意思直接說罷了，你能明白我的意思嗎？

兩年前，有個朋友堅持把女兒送出國去讀書，大家都很奇怪，他女兒成績很一般，讀的學校也很普通，只不過專科學校畢業，為什麼非要出國深造呢？聽說有美國三流大學願意接受她攻讀碩士，但她父親卻為她選擇了一所名校附近的補習班，先唸英文，不必修學位。

這就更奇怪了，不知道當父親的唸的什麼經。

最近，接到朋友請帖，他女兒要結婚了。女婿是名校的準博士，前途無量。

在婚禮上，不少女士圍著朋友夫婦七嘴八舌地追問：「你女兒好厲害呀！找了這麼優秀的老公。她是怎麼認識他的？如果有機會也給我女兒介紹一個準博士好不好？」

朋友夫婦禮貌性地微笑著，應承著。

這時，我忽然想起當年朋友堅持送女兒出國、並讀補習班的決定，是不是早有預謀？

婚禮結束，再次談論起這事時，朋友果然說出了心裡話。原來他女兒雖然學業成績不理想，但身邊總是圍著一群男孩子，因為她長得漂亮。做父親的看在眼裡，心裡有了準備，他想既然女兒在哪裡都會吸引人，為何不給她安排最好的相遇呢？在名校附近讀補習班，肯定會接觸到很多名校男生，與這些優秀人才相識相戀也就是水到渠成的事了。

朋友的計謀在婚姻戀愛遊戲中十分常見，只不過有些女孩子不用父母操心，也能夠自如運用。

當年我與太太的戀愛，正是從她那種半真半假、半推半就的態度表現出的溫柔開始的，她深深迷住了我，讓我覺得愛情充滿了趣味。

我與她是在朋友聚會中認識的。後來，她把自己的電話寫在紙條上塞給我，我很自然地想到可以單獨約會她。第一次約會，她如約前來，可是一本正經的樣子讓我感到無所適從，不知所以。她坐在我的身旁，表情平淡，腰桿筆直，雙手緊緊握在一起，話語不多，還語無倫次地說了句：「我本來不想，是她們……」我的感覺在告訴我，她對我不感興趣，約會不過是走走形式，我讓她失望了。

鬼才知道，她這樣做不過是對我的興趣實在太高，以致於不得不掩蓋一下自己的感情。這是女人的「故作姿態」，是她們在耍心眼。它的意思是說：「我太喜歡他了，但這麼快就表現出我的感情，怕讓他覺得我太隨便了。」

兩個月後我才知道她對我的真實想法，她對我說了一句影響我們彼此一生的話：「我覺得生下來就認識你了。」這話無異於對我說：「我覺得你真是太棒了。」聯想以前約會的情景，我感到女人真是奇怪，讓人琢磨不透。不過，這給了我探究的興趣，也給了我追求的慾望。我認為眼前的她有趣極了，她給了我鼓勵。

當然，第一次約會時她的真實感覺並非如我所想。那天她回到家裡激動地對妹妹說：「我真喜歡他，昨天出去的時候，我非常小心才沒讓他看出來。和他在一起感覺真好。我真希望他立刻就給我打電話。」這是後來她妹妹親口告訴我的，她說姐姐為了吸引我，才耍這樣的心眼。

耍這樣的心眼是無害的，結局皆大歡喜。生人面前，我們每個人都在演戲。其實，在親近的人面前不妨也耍一耍心眼。像太太當年所為就是很高明的一招，這一招總是讓男人們不能不愛上妳。

心理剖析

卡斯楚有句真知灼見：女人永遠不要讓男人知道她多麼愛他，他會因此而自大。女人好像天生懂得這一道理，所以她們很少主動向男人獻殷勤，哪怕她很愛很愛某位男人，也不會輕易迷失自己。她們善於偽裝，為男人創造一個向自己示愛的好條件。在這個條件下，男人會不知不覺喜歡上她，向她表白愛意，她呢，也就變被動為主動，充分顯示女性的溫柔與可愛。

也許男人覺得這是女人在耍心眼，可是如果女人不耍心眼，又怎能吸引男人的關注，如何譜就愛情的美好篇章？

故事中講到的出國讀補習班的女孩，如果沒有出國，如果出國了也是讀三流大學，哪有機會結識名校準博士呢？還有我和太太的約會，要是太太第一次約會就表現得迫不及待，衝口而出：「我覺得生下來就認識你」，會嚇跑了與她約會的我，認為她是結婚狂。

女人的花招向來高明，她說：「我本來不想，是她們……」既掩飾了內心的慌張，為自己找到了藉口，又告訴男人我已經來了，你看著辦吧！

【見招拆招】

還是那句話，女人喜歡說反話，她說「不想」，只是找了個藉口，內心一定是「想」。她說：「是她們……」是為自己找了個臺階，萬一男方沒什麼想法，她也不必太難堪，還有「她們」做墊背。

既然她已經來赴約了，男人就要明白，她是喜歡你的，不然「她們」又沒綁架她，她何苦為了「她們」來與你約會，對不對？

搞清了這一辨證關係，接下來的事情就好做了。可以開玩笑地說：「既來之則安之，不要想那麼多。」一方面安慰了她，一方面也顯示出自己的風度和愛護之心。

就是說，男人完全不必受女人這句話左右，該說什麼說什麼，該做什麼做什麼，一切有利於感情發展的，儘管來吧！

10 「我喜歡你的朋友們」

【潛臺詞】愛屋及烏，聽說過這句話嗎？我對你朋友們的印象和感覺，就是這種狀態，由於你的原因，我覺得他們很可愛。

據說，成龍與鄧麗君交往的時候，由於鄧麗君不喜歡成龍的那些「狐朋狗友」，不願意他從早到晚與這些人在一起，導致兩人常常爭吵，最終不歡而散。而林鳳嬌呢，個性活潑，喜歡熱鬧，與成龍的朋友們打得火熱，經常與成龍一起參加朋友聚會，每次都玩得特別開心。成龍是個講義氣的人，甚至說得上重友輕色，結果他放棄了鄧麗君，選擇了林鳳嬌。

今天，無數女人豔羨林鳳嬌找了個好老公，可是有沒有想過她當初為了愛情所做的犧牲和努力呢？

有些女人很聰明，她們為了接近心儀的男子，會先與他的朋友們交朋友，或者表示出對他們的認可。

年輕時，趙統剛是朋友圈裡有名的玩家，三教九流無所不交，繪畫書法、牌技球類、古玩

名勝，沒有他不在行的。當然，玩這些東西離不開行家裡手的指點，為了提升自我能力，他大部分時間都花在這方面。那時，好多人忙著戀愛，他倒好，一下班就鑽進自己的「玩家」世界。

快三十歲了，朋友們前後成家立業，過起了悠哉快哉的日子，他還是單身一人，癡迷玩樂不改。父母親見他這般，少不了責罵催促。

可是哪個女孩願意與他交往呢？女孩希望他陪著逛逛街吃吃飯，他卻一溜煙鑽進古玩市場；女孩想與他獨處訴衷腸，他卻天天跟一群男人喝酒聚會。

家人、朋友先後給他介紹了幾個女友，都被他氣走了。

雖然婚姻無望，可是隨著他玩的高深，帶來的經濟效益也日漸明顯。古董、字畫升值，有人還專門請他做鑑定專家。在一次鑑定會上，他認識了一位女孩，年齡與他相仿，也喜歡古玩之類的。

兩人的感情很快升溫，女孩與他從前的女友明顯不同，她好像很喜歡趙統剛的圈子，每次與他的那些朋友在一起都很開心，不僅忙著為他們張羅飯菜酒食，還有很多有見解的言論。

這天，兩人與朋友吃晚飯後，順著護城河漫步，趙統剛感慨地說：「沒想到妳還是這方面的才女。」

女孩笑了：「什麼才女？我是喜歡你的朋友們才來的。」

趙統剛吃了一驚：「妳喜歡他們？」言下之意，這群男人們在一起大碗喝酒、大口吃肉的，即便沒有什麼大事可成，也像年少時般自負，吞雲吐霧，指點江山，竟然還有女人喜歡？說實在的，從前幾任女友對他們的這種做派，均表示了反對，其中一人還當著朋友的面說：「狐朋狗友在一起就知道吹牛，讓人瞧不起。」趙統剛聽了這話很生氣，自己的朋友再不好，那也是朋友，妳可以不參與但也不能如此挑剔，不給我面子吧！

當下，這位女孩的話讓趙統剛吃驚，也讓他高興，這些年來他已經離不開這群「狐朋狗友」，如今自己喜歡的女孩也對他們抱有好感，豈不是天作之合。

很快，趙統剛向女孩求婚得到許可，並在朋友幫助下舉辦了一場盛大婚禮。婚禮上，已為人妻的女孩笑吟吟地向每個朋友敬酒，幸福寫滿了臉龐。

心理剖析

女人說「喜歡你的朋友們」，一定是首先認可了你，覺得你是可以交往的男人，並提醒你「我比較適應你目前的生活狀態，如果可以的話，我們不妨進一步加深感情。」

我們說過，愛情不是兩個人簡單的結合，不是簡單的一半加一半，而是妳的50%加上他的另一個50%。成熟的愛情是妳不但要接受他，還有接受他的習慣、背景，這包括他的朋友們。對男人來說，與朋友們在一起是很重要的事。

聰明的女人從不拿男友的朋友開刀，哪怕真的反感他們，也會裝出一副喜歡的樣子，不時參與一下他們的聚會、宵夜什麼的。男人最愛面子，妳讓他感覺受了尊重，接下來就好辦了，他會對妳格外看好。

當然，女人的心機並非到此為止，她清楚男人就像孩子，認同了妳之後會慢慢受妳影響。那麼以後的日子裡女人只管悄悄減少他與朋友間的「友好訪問」，增加情侶間的親密行動，他包準不會有什麼察覺。也許有一天會忽然想起：好久沒跟他們聚會了。妳呢，笑瞇瞇地表示支持：是啊！還真挺想他們的。

【見招拆招】

當女人說「喜歡你的朋友們」時，不必驚喜，也不必奇怪，她只不過是想表達一下對你的認可和喜愛之意。這是女人的聰明之舉，做為男人不可胡亂猜測，也不可打擊她的積極性。

喜歡她，盡可以與她好好戀愛，但不可對她的話信以為真，不要簡單地認為她真的像你一樣喜歡你的朋友們。她有自己的愛好和圈子，她給你捧場，你也不能太冷落了她，應該盡量抽出時間陪陪她，而不是肆無忌憚地混跡朋友圈。

更不要拿這句話做擋箭牌：「妳不是喜歡我的朋友嗎？為什麼限制我與他們交往？」這種做法很幼稚，也很傷人心，不但沒有任何意義，還會讓女友覺得你太無情，太不珍惜你們的感情，與你爭吵不斷，逐漸生疏。

11 「我愛運動」

【潛臺詞】我是說我愛和你一起運動。有什麼辦法呢？誰讓你為了足球不肯多看我一眼呢？我現在想跟你接近，真的沒有其他更好的說辭了。

小琴是我們公司的高級經理，三十多歲的「齊天大剩」，這幾年為了工作付出很多，卻把男友弄丟了。據說，男友因為她癡迷於事業而心生反感，最終與之分道揚鑣。這種事情司空見慣，生活在現代都市誰還在乎他人的情感問題。小琴一面默默舔舐內心痛苦，一面繼續為工作而奮鬥。

那天，客戶邀請我們去健身房運動。我安排了一下工作的事，忽然想到了小琴。看得出來，這些日子來她一直委靡不振，強顏歡笑，現在是不是該請她一起去運動運動呢？

我讓秘書阿麗去問問小琴是否願意同往。以往，小琴很少參與我們的活動，她是個工作狂，總擔心玩樂會耽誤了時間，不利於事業發展，這次她卻破天荒同意了，一臉高興地與我們一起來到了健身房。

瑜珈老師接待了幾位女士，細心地教導她們如何平穩呼吸，放鬆身體，彎腰、壓腿、抬頭，一板一眼，非常認真到位。在美妙的音樂聲中進行了一個小時的瑜珈運動，她們都很開心，一個個表示：「感到身體放鬆了很多，血脈舒暢，精神振作哦。」小琴多日來發出了第一次會心的微笑。

此後，聽說小琴喜歡上了瑜珈運動，常常去那家健身房。半年後，她的精神面貌煥然一新，又恢復了昔日的光彩，還交了新男友。

說起她與這位新男友的交往，還與我有些關聯。

小琴的新男友是我的一位朋友，很喜歡運動，常常與我一起去健身房，就這樣認識了小琴。一開始，是小琴先喜歡上這位男友的，不過不好意思開口。漸漸熟悉了，有一次社區舉辦跳舞比賽，男友缺少舞伴，邀請了好幾位女士，結果都不湊巧。這時，小琴自告奮勇：「我雖然不會跳舞，但我很喜歡運動，你可以教我，我當你的舞伴。」

在男友指導下，小琴很快學會了各種舞步，跳得都很標準。兩人攜手參加了舞蹈比賽，還獲得了名次。後來，他們還參加了二十五歲以下年齡組比賽，與比他們小幾歲的年輕選手競爭，小琴毫不示弱：「我不覺得自己的魅力會輸給年輕人。」

有了舞蹈做紅娘，小琴和男友的關係順利成長為戀愛關係。小琴掩飾不住內心喜悅，常常說：「是運動幫了我的忙。」

從一個工作狂到今天因運動與男友結緣，小琴的經歷可以給好多年代都市女性做榜樣。

運動，在帶來健康、氣質的同時，還具有改善男女關係的作用。這恐怕是所有女人最希望擁有的能力。所以我們看到，很多高階層女士冒著嚴寒去滑雪，頂著烈日去游泳。一位旅遊衛視著名節目主持人，不但主持過各種高爾夫球賽事，還是位高爾夫運動高手。冬天滑雪，玩最刺激的滑雪板，尖叫聲達到數百分貝。平日裡工作中，她也不忘運動，哪怕是穿過酒店長廊，她也會一路舒展筋骨；她隨時都會練習瑜珈，直到大汗淋漓，用她自己的話說：「從離開老家的那天起，我就從沒有停下過，一直在路上。」

「在路上」，讓女人從不怕老，也不怕失去男人的愛。四十五歲也好，七十五歲也好，心不老，人就不會老，就有機會得到男人的愛。

心理剖析

男人對運動的狂熱讓女人無法理解。他們打開電視就去尋找體育節目，一旦看到球賽便目不轉睛。即便上了床也會抓著《足球報》看得眉飛色舞。

世界盃開賽了，他們彷彿注射了雞血一般高亢，日夜不眠，工作不做，熬得滿眼血絲還會熱情萬丈，真比那球星更球星，如臨現場更現場。

他們比瞭解孩子的生日更清楚哪天是決賽，哪天皇馬對陣巴薩。說起運員明星，比自己的老婆更親近，這就是男人。

在女人眼裡，男人的世界真是不可理喻，無法接近。那麼聰明的女人就動腦筋了，如何與這類男人交朋友？答案很簡單，只要妳說也喜歡運動，並坐下來陪他看看足球，好了，妳迅速殺入他的世界中。

不要與足球爭奪男人啦！對他說：「來吧！我也愛運動，尤其愛和你一起。」這時，男人會微笑地接納妳，把妳視為知己。

這就是女人說「我愛運動」的原因，她給男人的暗示是，我想和你一起運動，想讓你接受我。

【見招拆招】

當女人對你表白愛運動時，你得到了兩個資訊：第一，她是個活潑愛動的女人，這樣的女人一般身體健康，個性大方；第二，她想接近你，想與你一起探討關於男人世界的東西，比如運動。

女人這麼說可能是真的，也可能只是為了與你拉近關係，不管怎麼樣，她都是值得交往的女性。畢竟林黛玉似的弱女子雖然美好，可是在現實中太不可靠，與她在一起除了心累，註定身累。吃藥打針的，費錢又費神，耗不起。

運動會帶來數不清的好處，除了維持身體健康外，還能讓女人在人際交往時找到自信，讓女人神采飛揚，氣度不凡。有個這樣的女人在身邊，有什麼不好？

12 「我父母很喜歡你」

【潛臺詞】看見了吧，我父母很喜歡你和我在一起。

有位朋友曾經認識一位比他小五歲的女孩。他很為她著迷，積極籌劃與她交往。女孩對他也很有好感，就在他們準備進一步發展時，女孩突然告訴他，她以前的男朋友跑來糾纏她，說沒有她就活不下去。朋友驚愕之餘，想盡辦法擺平這件事，一面努力爭取女孩的愛，一面希望她那個無聊的前男友盡快死心。他覺得，憑自己的能力，打敗前男友不成問題。

令他意想不到的是，女孩在前男友百般糾纏下，竟然無力拒絕。特別是前男友每天打電話到她家裡，說沒有她就去自殺時，女孩遲疑了，害怕了，哭著告訴現任男友，她不敢繼續與他交往下去了，還說她的父母一直很喜歡前男友，希望他們能夠在一起。

對此，朋友只有啞然失笑，他對我說：「我不明白，自己怎麼喜歡上了這麼單純幼稚的女孩？」

愛情因善良而生，又因善良終結。

來自父母的力量對每個人的影響都很大，對婚姻與戀愛大事更是發揮著重要作用。可是，一味聽從父母意見早已不是現代人的選擇，聰明的女人不會傻傻地等待父母的裁決，她們會主動「利用」父母的力量為自己謀幸福。

另一位朋友與女友交往半年多了，說不上多麼喜歡，但彼此感覺不錯。女友個頭不高，微胖的體型，豐腴可愛，可惜這不是朋友喜歡的類型。他喜歡瘦瘦的骨感女子，曾多次勸說女友去減肥，還帶著女友去諮詢過好幾家減肥機構。

有一次，他陪女友逛街，在女友試穿裙子時，他看到女友的腿，面露驚愕之情：「天啊！妳的腿比我的還粗！」這句話說出口，逗樂了周圍許多人，女友鬧了個大紅臉。

其實，女友也不是特別胖，體重指數屬於正常，他這般不加遮掩的挑剔有些過分，換了一般女孩子肯定會與他大吵大鬧，甚至分手拜拜。可是這位女友個性恬淡，對朋友的每次挑剔從沒有什麼過激表示，有時候還會自得其樂地說：「這有什麼啊！說不定結婚後就瘦了，很多減肥都是花冤枉錢。」

她的知心好友沒有她的心態好，對她男友的做法看不慣，為她出主意：「他這是嫌棄妳，妳還遷就他，憑什麼！他要再說這樣的話，跟他分手。」

女友只是笑笑，後來，把知心好友的話轉告給了朋友。朋友哈哈大笑：「那妳準備怎麼辦？」

女友認真地說：「我沒想很多啊！不過我父母多次表示很喜歡你，我只是想為了他們是不是再忍耐你一下？」

朋友不再笑了，他看著女友認真地說：「謝謝妳。」

之後，女友的生日到了，朋友動員了他所有朋友，給女友發簡訊祝她生日快樂，足足兩百多封。那天，女友真的被感動了，愛情帶來的安全感讓她幸福的無與倫比。

再後來，朋友帶著好多禮物去女友家拜訪，雖然以前也見過她的父母，但這次不同，他是去提親的，是去表達自己的誠意和愛心的。

心理剖析

兩性之間只隔著一層紙，這層紙並不透明，在紙的兩邊，彼此愛慕也好，厭惡也罷，只要不戳穿，就是互猜遊戲，神秘且好玩。可是這層紙並不結實，好多男男女女經不起誘惑，會忍不住戳破它，一旦捅破則秘密皆無，毫無樂趣可言。

所以，男女之間沒有什麼是非可說，只有選擇，你選擇了誰，就要想辦法與他合作下去。聰明的女人懂得這一道理，也懂得為愛情負責，在選擇後不會遲疑、後悔，而是充滿自信和能量。

「我父母很喜歡你」，既含蓄又明確地告訴男友，你已經得到我們家的認可，還有什麼猶豫不前的，大膽追求我、愛我吧！

男人是社會性的，來自女友父母的喜愛會給他們極大的動力和勇氣，也會讓他明確了未來的目標。

【見招拆招】

沒有一個男人傻到聽女人說「我父母很喜歡你」時，還猜不透女人的心思，還不知道女人想跟自己交往。

但是，這句話的力量絕不是「喜歡」這麼簡單。人家的父母平白無故喜歡自己，何也？深刻一點想想，不過是喜歡你和他們的女兒在一起而已。

來自父輩的影響十分強大，如果你真的喜歡她，那就該慶幸了，原來已經得到他家的通行證了，暢快淋漓地愛吧！

如果愛意不夠，那就要小心了，你們的愛情已不是兩人之間的事了，從現在起早下決斷，要嘛愛的更深，要嘛趕緊分手，不要讓更多人跟著操心，好不好？

13 「我喜歡你家」

【潛臺詞】我喜歡住進你家裡，和你在一起生活。可是這樣的話我怎麼能直接說出口？

當年，我和太太經人介紹相識。

有一天，「媒婆」忽然帶著太太和她的女朋友到我家拜訪。這令我措手不及，來不及收拾髒亂的屋子，只好硬著頭皮招待她們。後來，太太告訴我，女朋友是幫助她來偵察我的，透過「觀察」，她的女朋友認為我是個很有事業心的男人，值得繼續交往。這令我很納悶，她怎麼會透過一地髒亂看出我的理想和抱負呢？太太笑著說：「她有一套認識男人的本領。」

透過居住的環境觀察男人的性格，這倒是新奇的說法。不過太太的這位女朋友很有些手段，識人的技巧很高明。她說如果一進男人家門，發現一團糟，千萬別大驚小怪，一口認定他就是一個邋遢鬼，通常最亂的房子裡會住著最忙碌、最成功的人士。因為他們把時間都花在工作上了。而一個把內衣燙得整整齊齊、襪子按照顏色排列的「超級處女座先生」並非一定是理想的男人。現實情況是，如果有這麼一位男友，女人大可不必擔心找不到東西，家裡的清潔工作也可以少做一些。但是，這位男友可能不會留妳過夜，他害怕妳弄亂了他的床單，干擾到他乾淨的空間。這麼說來，與這位「潔癖」先生交往就很有問題，他可能不自覺地總是拒妳於千里之外。

太太的女朋友之所以有這麼多高深理論，完全是有感而發，她曾經跟一個超愛乾淨的男人約會過。這位男士是那種連T恤都編號排放在櫃子的男人，他自己吹毛求疵也就罷了，還嫌棄女友不愛乾淨，去她家嫌屋子裡亂七八糟，到工作室覺得裡面雜亂無章，他說：「與妳在一起，我真是沒地方下腳。」更令她無法忍受的是，男友的父母也是這種習慣，她第一次去他家裡時，他父母像審查犯人一樣盯著她，問東問西也就罷了，還表現出一副不太情願的樣子。看到女友很隨意地拿起桌上的杯子喝水，他母親立刻制止了：「這裡有專門給客人用的杯子，妳用這個好了。」

女友覺得自己完全是一個外人，而不是他們家未來的兒媳婦，那種感覺差極了。

有了這次教訓，女友再交朋友時多了經驗。她認識了一位工程師，獨自一人在都市打拼，由於工作出色買了間小套房。兩人十分投緣，隔三差五約會，儘管對他感覺不錯，可是女朋友還是不敢大意。一個週末的早上，她來了個突然襲擊，直接敲開了男友的家門。

男友很意外，滿臉驚詫地盯著她。她什麼也不說，直接走了進去。這是什麼樣的環境啊？屋子裡堆滿了各種東西，衣服、書籍到處都是，桌子上除了電腦之外，零零碎碎擺著零食、礦泉水、啤酒瓶。女朋友不言語，向廚房走去。男友好像反應過來了，跟過去攔住她：「別去了，太髒，還沒來得及收拾。」

女友不理他，徑直進去了，果然是滿屋灰塵，一地狼籍，真是不堪入目。男友呆呆地看著女友走來走去，心裡七上八下：「完了，死定了。這麼髒亂的屋子，哪個女孩不討厭啊？她怎麼不提前告訴我一聲，我好有個準備啊？」

就在男友心灰意冷時，女友忽然來到了他身邊，笑意滿滿地看著他。男友傻了，不知道女友葫蘆裡賣的什麼藥。女友也不再掩飾，揮舞著小拳頭說：「太好了，我喜歡你家。」

男友目瞪口呆，天啊！她是瘋了還是故意諷刺我？

心理剖析

男人不必驚異女人為何會喜歡髒亂的屋子，她不過是喜歡你的習慣，你的生活，希望與你共處同一屋簷下。

戀愛不只是談情說愛，重要是彼此適應，喜歡對方的生活習慣。一個人的習慣從小養成，到了戀愛的年齡已基本不能改變，如果不能適應他的習慣，那最終只好分手。

當女人說「我喜歡你家」時，最直接的暗示就是對你生活的環境感興趣，對你的家人不反感。

當然，這可能是女人的一句藉口，因為登門拜訪男友家時，不一定會幸運地看到他父母的笑臉和友愛的眼神。他母親可能對妳懷有疑心，甚至敵意，覺得妳是殺上門的情敵。女人察覺到了，可能不能直接告訴男友呢？

男人一般粗心大意，不會注意到母親的敵意，還傻傻地以為母親愛他，也一定會愛自己的女友，這兩個最愛自己的女人一定會友愛相處。

做為女友，在這時如果說出實話，勢必傷害男友的感情，讓他左右為難。最好的選擇就是告訴他：「我喜歡你家，喜歡與你家人共處的時光。」OK，一切萬事大吉。

【見招拆招】

女人煞費苦心掩飾自己的不良情緒，說出：「喜歡你家，喜歡與你家人共處的時光」，男人一定要大度地相信，並讚美她：「妳真是個溫柔懂事的女子，我們家人也一定很喜歡妳。」一個女人不會平白無故說「喜歡你家」，男人要是喜歡她，就大膽地與她戀愛，開心地與她相處。如果不喜歡，跟她說：「謝謝，很多人都這麼說，看來我真是很有人緣。」

14 「我不願跟你交往了，分手吧」

【潛臺詞】雖然有不得已的原因，可是我只能這麼說。

女人說「分手」的原因很多，不見得一定討厭了男友，有可能只是為了不傷害他。這是女人的悲情藉口之一，有時候男人不一定能看懂，反而誤會了女人，錯過了一生情緣。

十八年前，我們都很年輕，最好的朋友小B喜歡上了一個女孩子。女孩很小的時候父母就離異了，她和妹妹跟著母親過單親生活。時光如梭，轉眼間她到了戀愛的年齡，出落得水靈大方，很受人愛。很多男孩子喜歡她，向她表達愛意。在選擇中，她喜歡上了其中一個，並與之轟轟烈烈地戀愛了。可是兩人戀愛不到半年，男孩子莫名其妙地離她而去，再也沒有音信。

這給了女孩無以言語的打擊，她終日鬱鬱寡歡，甚至失去了戀愛的信心。

當小B出現在女孩面前時，雖然女孩感受到了他的熱情，也被他的愛意吸引，卻一直遲遲疑疑，不敢有什麼主動表示，也不敢與他有親密接觸。

有一天，小B邀請女孩一起逛街，她想了想，還是去了。在路上，他們聊人生、藝術，倒也十分默契。在街口，小B想給女孩買芒果吃，女孩卻拒絕了，那神情好像想起來什麼傷心事一樣。小B奇怪，小小的芒果何至於此？但他也不便強求，陪著女孩買了幾本書，在廣場上轉轉，又吃了些零食。

兩人很投緣，彼此心裡暖融融的，蕩漾著化不開的愛意。

不久後的一天，女孩忽然生病發燒，小B聽說後，立即將她送去醫院，並日夜守護著她。女孩高燒不退，有時候還會出現昏迷狀態，但她知道身邊有人守護，知道小B不會離開自己。在半昏迷的情況下，她向小B講了很多話，其中也講了芒果的故事。多年前，父親離開她之前，就為她和年幼的妹妹買了個芒果，並親手餵她們吃下。從此之後，她再也沒有見過父親，所以芒果成了她心中揮之不去的陰影，成了傷心訣別的代名詞。從此，她再也沒有吃過一口芒果。

小B明白了，他暗下決心，一定要幫助她走出這段陰霾的心理過程，讓她重新看到愛情的美好和人生的光明。他對女孩說：「相信愛，愛是一種神奇的力量，會讓人從哪裡摔倒從哪裡爬起。這不只是信任的問題，也是自信的力量。」看著女孩淡然的表情，他繼續鼓勵她：「比如說，每天打開報紙就會看到各種車禍消息，難道就不敢出門了嗎？這是因噎廢食，在愛情問題上，道理一樣適用。」

女孩似乎聽信了他的話，情緒開朗多了。病癒之後，他們交往起來，不過依然若有似無，保持著一定距離。女孩有時候很開心，有時候又會很悲觀。

一次，他們逛街逛累了，就去一家新開的餐廳吃東西，餐廳內迴盪著抒情的音樂聲，有些感傷的味道。女孩雙手握著一杯飲料，悠悠地開口道：「我不願跟你交往了，分手吧！」

小B瞭解她的心情，知道她的心理障礙，擔心這麼交往下去會彼此厭倦，步入她父母的後塵，更害怕像上次戀愛一樣有始無終。於是，他沒有說什麼，只是默默地為她點餐，準備碗筷用具。

女孩心中酸楚，覺得自己不適合婚姻。她吃得很少，卻第一次喜歡上了喝酒。一杯又一杯，結果喝多了。像所有酒醉的人一樣，她開始絮絮叨叨地說話，說著自己的心事和看法。她說什麼天長地久，我看還是「聚散離合」更多一些。愛情不值得信任，你我不過是彼此的過客。

對於這樣的見解，這樣的女孩，小B很想幫她，卻又感到無能為力。漸漸地，他覺得心累。後來，女孩從他的視線中消失，這段無疾而終的感情畫上了句號。

心理剖析

女人說「分手」，是任何戀愛中都不可缺少的環節。多多少少，若有若無，女人都要表現一下自己的高貴，「我不是那麼隨便的，那麼輕易嫁人的。你最好謹慎些、小心些，不然，我不會跟你哦！」這是一個很普遍的心理，只有這樣，那些散漫的、自以為是的男人才會珍視她，才會看重這段感情。

當然，有些「分手」說出來很苦澀，像故事中的女孩，由於童年時期的心理陰影，讓她對婚姻產生了畏懼情緒，不肯輕易相信男人，相信愛。這是一種可悲的心理狀態，總是猶豫，害怕未來，害怕無法承擔起家庭責任。只要一受刺激，就會產生莫名的恐懼感。

這種時候說出的「分手」，明顯不是發自內心，而是一種病態的折磨，折磨自己，也折磨戀人。這種傷害多了、久了，就會弄假成真。

【見招拆招】

如果很愛很愛她，就該幫助她走出童年時候的心理陰影。用愛和信任溫暖她，不要厭倦和麻痺，多說幾次「我愛妳」，讓她切身體會到愛的力量。

光有愛還不夠。心理陰影的消除還有一些科學方法，比如：運用自我暗示，進行心理重建。這是一套心理學方法，可以鼓勵她去學習、去實踐。

愛情需要男人的責任心，遇到這樣的女孩更需要責任心。相處是天長地久的事，如果沒有足夠耐心和信心，那麼就不要選擇這種累心的愛情了。終究不過是一場空，害人又害己。

15 「對不起，我很難追」

【潛臺詞】如果你想挑戰的話，不妨來試試，我可是早就做好準備應戰了。

不喜歡酸情蜜意的愛情肥皂劇，幾乎沒怎麼看過；而且工作忙碌，哪有時間留意這些東西。不過最近一位網友的煩惱與韓劇扯上了關係，多多少少也影響到了我。

網友與我是論壇上的朋友，網名「真愛」，他很有女人緣，在論壇上可說呼風喚雨，魅力無比，引得很多女性網友圍著他轉。其中「小溪」和「粉蝶」對他的感情最專注也最密切，有網友甚至說他們在搞三角戀。

我與他們三人的關係都不錯，經常聊天談心事，並且還在現實生活中見過面。網路上聊天時，「小溪」和「粉蝶」常常跟我談論「真愛」，也許認為我跟他關係好，對她們會有所幫助。所謂君子有成人之美，我當然不會拆「真愛」的臺，不管誰跟我聊，我只有撮合，從無其他意思。

我發現，「小溪」和「粉蝶」為了得到「真愛」，可算是處心積慮，她們想了很多花招，也用了不少辦法。可是我始終覺得「真愛」雖然混跡女人堆，卻不為她們任何一個所動。

後來，「小溪」似乎佔了上風，與「真愛」卿卿我我的時刻多了，接下來的日子，聽說他們還真的發生了關係。不管是謠傳還是真相，都令「粉蝶」非常痛苦。

不過時間不久，「小溪」和「真愛」的關係出現了變化。不知什麼原因，「小溪」在網路上痛苦地發文，說「真愛」與自己分手了，儘管她不肯放棄，卻無力挽回。

「粉蝶」看到了機會，立刻對「真愛」展開了攻勢，一副追不到手不甘心的姿態。可是「真愛」一點也不當回事，依舊遊戲網路，嬉笑人生，根本沒有戀愛的意思。經過一番折騰，「粉蝶」明白了，「真愛」就是一個喜歡挑戰、追逐，甚至放浪於網路的男人。對付這樣的男人，沒完沒了地獻殷勤沒什麼用，還不如另想絕招。

這天晚上，「粉蝶」向我說出了內心所想，並向我徵求意見：「你說用什麼辦法才能引起這種男人的注意？」

我想了想，忽然想到某齣韓劇中的介紹。劇情與他們三人的故事很接近，男主角也是位自視甚高、不怎麼定性的傢伙，先後傷害了幾個女人的感情，後來有個喜歡他的女人突發奇招，故意製造了一個假象：她身邊有甚多追求者，她很高傲，對男主角不屑一顧……結果，男主角被這種強烈的反差震驚了，他開始懷疑自己的魅力，對這個女人產生了強烈的好奇心，不由自主被她吸引。

我向「粉蝶」推薦了這部韓劇，告訴她從中也許會獲得一些幫助。

別說，「粉蝶」果然採取了這一策略，不再那麼癡迷「真愛」，視野開闊了，與其他男網友也聊得很開心，漸漸地，她身邊的男士多起來，還真有不少男人向她表達愛意。「粉蝶」從默默無聞的追求者變成了高高在上的公主，贏得了從來沒有的關注和榮耀。

「真愛」坐不住了，一天他悄悄問我：「她怎麼回事，以前好像不是這樣的？」

我說：「好女人自然有人追，這有什麼奇怪。」

「真愛」感到不可思議：「她好嗎？」

我反問：「你不知道啊！」

「真愛」笑了。

之後，他對「粉蝶」的態度有了明顯變化，關心、愛護、體貼，還主動表達了愛意。但是「粉蝶」沒有立刻答應，而是說：「對不起，我很難追。」聽了這樣的話，彷彿注射了一劑興奮劑，「真愛」越是認為追到「粉蝶」是一種光榮，一種挑戰。

他們的故事還在繼續，做為旁觀者的我，親眼見到了女人激將之法的有效和厲害，不由得唏噓：男人，真的是不哄不行，不激不動。

心理剖析

有句話說：「男人是長不大的孩子」，一方面他們離不開女人的照顧，一方面他們又充滿了好奇心。強烈的好奇心讓他們對世界滿懷探究之心，其中包括女人。對他們來說，女人是個謎，越是難揭開謎底，他們越想努力探究。聰明的女人正是抓住了男人的這一心理，為男人創造各種「謎團」，誘其破解。

「我很難追」，這句話出自女人之口，首先給人強勢之感，讓人覺得這個女人很自信，很有魅力。其次，也是在激勵男人：你敢來挑戰嗎？再次，配合著一些「難追」的動作，諸如故事中「粉蝶」身邊的男士們，她高傲的舉止等，都會讓男人認為，如果追上這個女人，將是一大榮耀。

男人是虛榮的，他們認為追上什麼樣的女人，就預示著自己處於什麼樣的社會地位。所以，他們不僅要愛，還要愛得令人羨慕。

另外，男人總是向不把他放在眼裡的女人獻殷勤，他們覺得這樣的女人更值得追求。所以，即使你很愛很愛某位男人，也不要迷失自己，要學會如何擄獲男人的心。愛，不僅需要真情，還需要能力。

【見招拆招】

女人說自己「很難追」，就是要你去追。男人，不必害怕和猶豫，如果覺得有必要，放開膽子去追吧！她正等著你進入她設置的甜蜜圈套。相信沒有哪個男人喜歡把自己打包成「午餐罐頭」的女人，雙手奉上的女人讓他們覺得乏味之極。

面對這樣的女人，男人如果不想陷得太深，就要控制自己的好奇心。好奇害死貓，比如你已婚、已有了戀人，對於其他女人設置的圈套，就要小心啦。「野味」再好吃，終究不是正餐。

16 「這是我第一次……」

【潛臺詞】我把自己交給你了，你看著辦吧！

幾年前，我寫了一本關於員工培訓的書，很受歡迎，後來應邀到一家商學院演講。在滿是年輕大學生的校園內，我感受到了青春的活力，彷彿回到了青春年少時。幾位優秀漂亮的女生很喜歡我的演講，與我來往較多。看得出來，其中一位對我情有獨鍾，似乎有那麼個意思。

我是成年人，清楚自己不該有非份之想，可是女生的眉目多情讓我有些把持不住。

有天傍晚，我正在辦公室看書，她走進來了。閒聊幾句後，兩人之間的感情開始像海浪一樣波動起伏，逐漸失控，後來我竟然情不自禁抱住了她，想要親吻她。

她激動極了，與我相擁著，喃喃自語：「這是我第一次……」

我忽然停住了動作，我覺得自己是在傷害她。她那麼年輕單純，而我已經三十多了，怎能做出這種事來？

我沒有立刻推開她，只是在她的臉頰禮節性地輕輕吻了一下。

恰好有位女同事帶著其他幾位女生前來向我請教問題。她們不知道裡面發生的事情，徑直闖進來，自然撞了個滿懷。當時，所有人都很尷尬，一時間空氣都彷彿凝滯了。

片刻之後，女同事大方地說：「先生，你可不能偏心哦！她們都是您的學生，您也應該吻她們一下。」

幾位女生反應敏捷，立即明白女同事的意思，她們滿面笑容地迎上來。於是，我漲紅著臉一一親吻她們的額頭。屋內的氣氛活躍起來，大家圍著我七嘴八舌討論問題，好像我與那位女生的事情從來沒有發生過。

這件事雖然過去了，可是我想起女生說的「第一次」，還是心有戚戚焉，倒不是有什麼不軌意圖，而是感慨女生在「第一次」問題上的心理和表現。

記得在讀書時曾經看過這樣一則寓言。

一位美麗的女子，鄭重地立下誓言：這輩子絕不與自己不愛的男人接吻，否則，就把自己的嘴唇割掉。有位男同學一度喜歡上她，有一次，趁她不備，大膽地吻了她的嘴唇。這讓她惶惑又痛苦，她不清楚是不是愛他，也不知道該不該遵守誓言割掉嘴唇。

男同學這才明白她是多麼認真，很後悔自己的魯莽舉止。於是帶她找到了一位智者，請他裁奪這件事。

智者告訴女子：一切取決於她對「愛」的認識和定義。

她迷惑：「愛的定義是什麼？」

智者反問：「在他吻妳時，妳感到快活嗎？」

「這……」她猶豫，卻不得不承認，「是，似乎有那麼一絲快活。可是……」

「不急，」智者說，「現在我就告訴妳愛的定義是什麼：凡是與妳接吻，能讓妳感到快樂者，就是讓妳產生愛意的人。按照妳的誓言，妳接受情人的吻，不用割掉嘴唇。」

她覺得有些不妥，繼續說：「也許我並不是真的快活，只不過不討厭罷了。」

智者說：「那沒關係。我們可以重新為愛下定義：凡是與妳接吻，不曾讓妳感到厭惡的人，就是妳對他懷有愛意的人，不是一樣嗎？」

她依然猶豫：「要是在接吻後我後悔了呢？這算什麼？」

「後悔？後悔難道比嘴唇還重要嗎？」智者反問。

「我明白了，」她終於釋然，對智者說，「謝謝您保住了我的嘴唇。」她高興地走了。

男同學對我說，他很高興這件事有了圓滿結果，不然，女子果真割了嘴唇，他豈不是一輩子不能心安？

後來，又有一個男子追求那位女子，女子非常討厭男子。然而不幸的事發生了，這位男子強行吻了她。她很憤怒，狠狠地甩了那壞小子一個巴掌。甩完之後，她什麼也沒做。我為女子高興，她不再為自己的嘴唇擔憂，她已經從智者那裡學到了足夠的戀愛智慧。

心理剖析

女人對男人說「第一次」，表明她對他很信任、很依賴，意圖喚起男人的保護慾和責任心。

千百年來形成的男強女弱心理，讓女人下意識裡總希望找個可以依附的男人，怎麼樣讓男人心甘情願接受自己呢？男人都是自大狂，都是處女癖，一個單純無知、不經世事的女孩子，想想都誘人，何況現在向他發出了邀請，他還不高興得心臟狂跳？

「妳是羊，我就是狼」，從本性出發，男人多多少少都有這樣的心態，一個像羔羊的女子簡直就是一道不可多得的美味，好看又好吃。既滿足了他的征服慾，又滿足了他的虛榮心。

女人的「第一次」很多，第一次親吻、第一次戀愛、第一次約會、第一次……所有對男人表白的「第一次」，都會勾起男人無限美好的想像，為什麼不對他們說呢？所以，這種說法有時候發自內心，有時候可能是女人的一種伎倆。

【見招拆招】

不管女人的表白是真是假，男人對她有沒有意思，都不要輕易揭穿她，如果喜歡她，順著她的意思表示出欣喜之情，愛戀之意。如果不喜歡她，可以委婉拒絕，比如像故事中的「我」，因為不想傷害女生，驚醒之餘做出了理性舉動，就是非常可取的辦法。

當然，女人的表白也可能是假的，瞞過了一時瞞不過一世，等到男人發覺時，會很生氣、很反感，認為女人騙了自己。其實，女人也有女人的苦衷，她不過是為了愛你而撒謊，難道你一點都不肯原諒她？

Contents 03

其實你真的很好
——不要迷戀我，會讓你吃盡苦

男人好像永遠猜不透女人在想什麼。

其實，在愛情面前女人最喜歡說反話，說「你真壞」，表示她願意接受你的追求；說「其實你人真的很好」，意味著她不打算做你的女朋友了。這是因為女人生性敏感，心思又十分細密，以致於思維是曲線的，甚至讓男人覺得沒有規律可循。

女人總喜歡讓男人來猜。可惜，男人的思維是直的，很容易將女人說的話當真。結果，直線與曲線各行其道，誤了許多姻緣。

男人不直接說「分手」，是出於愛面子，怕傷害女人的心理。女人這麼做，則是擔心男人糾纏，害怕自己受傷。並非女人更自私，而是她們更弱小。從自我保護的天性出發，她們只有更委婉地表達，才會獲得更圓滿的結果。

她們不會輕易破壞某種「關係」，寧可似是而非地與男性交往，也不簡單地拒絕他。只要不是徹底死了心，只要覺得對方還有些許利用的價值，她們都會說「我不想傷害我們之間的友誼」，而不是說「我不想與你談戀愛」。

畢竟，即便「透視裝」穿在女人身上，男人想看的「重點部位」，還是模糊不清。

17 「我不想傷害我們之間的友誼」

【潛臺詞】在我們之間，也只有友誼可談。再說白一點，我根本不想讓你愛上我。

那時我還在讀書，她跳舞，也算小有名氣，偶然的機會認識後，就成了朋友。

朋友是好的，何況兩個人都還年輕，都還天真。她的舞技高超，絕對一流，尤其是快舞，令我十分喜歡。看她在昏暗的燈色下一直不停地旋轉，真是莫大的享受。音樂是一種奇怪的、迷人的東西，它會隨著一個人的情緒遊走，所以音樂一旦柔滑甜膩，就容易讓人忘乎所以，而且不知所措。

她似乎喜歡上了我，彼此面對著會無端地微笑。可是轉過身去，她仍然還原成一個現實又刻薄的女子。我開始莫名的傷心，彷彿被她控制了靈魂一般，見不到她或者被她冷落，就特別難受。再次遇到她，忍不住問：「到底為什麼？為什麼這麼對我？」她平淡地回答：「我不想傷害我們之間的友誼。」這是什麼藉口？我搞不懂，難道她只是把我當作普通朋友，還是希望我們進一步發展？

後來，從他人嘴裡得知，她認識許多前來跳舞的人，與他們保持著與我相似的關係。偶爾聽人議論，她試圖與N個男人保持曖昧的關係，當然，N大於1，再從中選擇一個做為男友。不知道這是不是實情，再後來我們見面的次數少了，我的感情也逐漸轉移。一年後再次聯繫，回想來時路，兩個人從陌生到熟悉，由熟悉到生份，最後竟恢復到平淡祥和，這是一段多麼奇特的經歷。我不得想到，男女不一樣，天性決定彼此存有好奇和神秘感，相處久了難免產生特殊的感覺和情緒。這是正常的反應，可是如果不加以節制，這種感覺就很容易升級為感情。

那次重逢後，我們在酒吧裡喝酒，天南地北地說著各種話題，自然聊到了她的愛情，無疾而終的感傷。酒吧裡放著令人憂傷的音樂，說不上什麼曲子，卻很適合我們談話的氛圍。她說，她經歷了多次被愚弄、被恥笑的愛情，她很難過。我情不自禁冒出一句：「哦，妳與N個關係曖昧的男人失去了聯繫。」她是那種總愛後悔的女人，總是覺得沒有選擇得更好，所以，永遠也找不到合適的男友。

每位女人的身邊，總少不了各色男人，如何瞭解這些男人，與他們保持怎樣的關係，似乎是女人很感興趣、同時很感頭痛的問題。也是，一般來說，這些男人帶給她們各式各樣樂趣的時候，也會帶給她們事關名聲、慾望、前途……諸如此類的麻煩。

因此，如果你要避免在婚姻上出現失敗，第一步就必須小心結交異性朋友，不但要小心地選擇，還要小心地與他們往來。這樣你就已經在婚姻的路上奠下幾分成功的基礎。

一個女人要想贏得異性的喜歡，最重要的是什麼？情趣！這是一種自然的流露，是需要潛意識的靈感的。這種靈感只有熱愛生活、對未來一切充滿好奇的女人才會具有，而不是嗲著嗓子說「好喜歡你噢」就可以做到的。

心理剖析

女人是天生的完美主義者，非常在意身邊點點滴滴的變化，以致於被冠以「挑剔」之名都不足懼。為了尋找最佳配偶，更是費盡心思，挑了又挑，選了又選，卻總也找不到令她滿意的。

這是很常見的現象。從性別來講，女性的卵子數量有限，繁育後代的機率也比男性低很多。為了優化後代，只能以質取勝，怎樣找到最優質的精子來源呢？只能選擇優質男性。可是男性的優劣不是寫在臉上的，需要下工夫去瞭解、去琢磨、去比較。所以，有些女性為了挑到最好的，就像故事中的女人一樣，企圖從多個男人中選拔出最優勝者。

這是女人的伎倆，也是性別決定的現象。

沒有最好，只有更好。天性決定女人在戀愛中舉棋不定，左右徬徨。

【見招拆招】

當女人跟你談友誼時，基本上表示沒有想與你談戀愛。友誼很珍貴，可是你想追求的女子只希望與你發展友誼，什麼感覺？肯定很失落、很沮喪。

不要緊，她們既然這麼說了，說明還對你心存好感。也許她們只是不喜歡你追求的方式與方法，換個做法去追她，給她新鮮感和刺激感，會激發出不一樣的情緒和感情。

要是郎有情妾無意，也不必勉強，友誼就友誼，慢慢來吧！

對於故事中講到的專門以「友誼」為藉口尋找男友的女人，見多也就不怪了。這種女人，就像是在麥田裡尋找最大麥穗的人，走到盡頭也不會做出任何選擇。「挑花了眼」就是她們的真實寫照，有必要做那麼多麥穗中的一個嗎？完全不必。

18 「其實你人真的很好」

【潛臺詞】可是我不想和你在一起，不想你成為我的唯一。或者，如果你要是再「壞」一點，就更完美了。

一年前，表弟韓亮明在參加我們公司的派對時，認識了客服部門的一位女孩趙欣宜。兩人雖然沒有一見鍾情，但是年輕人有共同語言，彼此的印象也不錯，隔三差五常常見面。聽表弟的意思，趙欣宜每次都會欣然前往，有時候還讓表弟直接去她家。一開始，表弟的電話、簡訊較多，不知不覺，趙欣宜也常常給他打電話、發簡訊，有時還會嗔怪表弟不主動跟她聯繫。看上去一切都在朝著戀愛的方向進展——每天兩通電話、三封簡訊、一定時間的網路上聊天。

在這段期間內，趙欣宜由於工作關係需要出差，彼此也沒有冷淡了對方。五月份的時候，趙欣宜回了一趟老家，依然每天給韓亮明打電話。不巧的是，韓亮明這個月份的工作特別忙，別說給趙欣宜打電話了，有時候甚至都無法接聽她的電話。曾經連續三天，他沒有接聽趙欣宜的電話，彼此之間失去了聯繫。

不久之後的一天，趙欣宜在老家參加同學的婚禮，回來後就給韓亮明發了封簡訊：「我很功利，目的性很強。是朋友們把我們推到現在的角色上來，我沒有任何打算和想法。」

韓亮明一頭霧水，這些日子來他並沒有向趙欣宜正式表白過，只是偶爾說喜歡她，願意與她在一起。想到這裡，他回了一封簡訊：「我是真心喜歡妳，希望我們有個好未來。」

過了一會兒，趙欣宜回了簡訊：「我暫時沒有戀愛和結婚的打算，你要是能等我五年就等，不然還是找別的女孩子吧！」

韓亮明不知所措，就這樣兩人僵持了兩天。還是韓亮明先忍不住了，又打電話過去給趙欣宜，讓他奇怪的是，對方說話的語氣好像沒什麼變化，還和從前一樣。更讓他高興的是，接下來趙欣宜又開始打電話、發簡訊關心他，似乎那次「簡訊事件」已經成了過去式，不留一絲痕跡。

終於等到趙欣宜回到公司，恰好是週末，韓亮明準備約她共進晚餐，然而一而再地打電話，對方都是關機狀態。接連三天，韓亮明沒有趙欣宜的任何消息，他急了，卻又不敢冒然去她家，只好苦等苦熬，直到趙欣宜的電話開機，他才鬆了口氣。之後兩人又開始約會，逛街、吃飯。不過，這時的趙欣宜明顯產生了動搖，一次她對韓亮明說：「我們走在一起是很難的，我下不了那麼大的勇氣和決心，我不會這麼輕易相信一個人。」

韓亮明一聽就傻了，情不自禁對天發誓，說了一大堆「愛妳到永遠」、「願為妳付出一切」

的誓言。可是趙欣宜一臉沉默，不表任何態。

後來，韓亮明多次給趙欣宜發簡訊，與她網路上聊天，並約她喝咖啡。趙欣宜很爽快地答應了，在咖啡廳，兩人有些尷尬，話很少，說一些無關痛癢的事情。韓亮明發現，趙欣宜穿了一件他給她買的新衣，刻意做了打扮。本來，他準備了很多臺詞，爭取挽回這段感情，可是見面後他又說不出口，只是問趙欣宜有沒有喜歡過自己之類的。趙欣宜猶豫了很久，才點點頭說：「其實你人真的很好，只是我沒這個福氣。」

這可真是難倒了韓亮明，前天他喝醉了，跑來跟我訴苦，他說：「既然我很好，為什麼不接受我？相戀一年，怎麼說散就散了呢？」

心理剖析

女人心，海底針，男人好像永遠猜不透女人在想什麼。其實，在愛情面前女人最喜歡說反話，說「你真壞」，表示她願意接受你的追求，說「其實你人真的很好」，意味著她不打算做你的女朋友了。這是因為女人生性敏感，愛面子，不願直接明白地拒絕別人，害怕傷了彼此的自尊。一個真的很好的男人，為什麼不抓住？說這句話時，她想的是讓你更早成為她的獵物。

一個「很好」的男人註定讓女人糾結過，「你真的很好，可是再『壞』一點就更完美了。」「你真的很好，可是我今後無緣享受你的『好』了」。「你很好，可是日後終歸屬於別人。」……

【見招拆招】

多數男人在聽到女人說自己「真的很好」之後，心裡立刻就涼了：完了，沒戲了——這說明他懂了女人的反話，但是他不懂如何扭轉局勢，反敗為勝。一個女人既然覺得你還不錯，與你相處了許久，說明她心裡明白你的優點。這時，聰明的男人就要隨機應變，既不要讓她發覺你的心思，又讓她覺得你對她的話很受用。然後，換個方式再去追。

一個「真的很好」的男人，想必符合女人的要求，只是追求的方法，不對她的胃口。好男人的好，就在於太「實在」。這是女人最深惡痛絕的戀愛資質。再「壞」一點，讓愛情更感性、更感人、更熱烈。

19 「我不適合當情人」

【潛臺詞】你不過是我感情路上的過客，充其量是個情人，現在連情人我也不想要你做了。

六月底的時候，和朋友們一起去游泳館游泳。沒想到朋友蔡青文在這裡交了桃花運，與一位年輕漂亮的女孩子一見鍾情，迅速進入熱戀階段。女孩子是個教師，接下來的整個暑假都是清閒的，所以他們的愛情也隨著天氣升溫，兩人天天膩在一起，就像是前世註定的戀人。

蔡青文的得意之情溢於言表，顯然非常喜歡這個女友。也是，哪個熱戀中的男人不是得意忘形，覺得自己是世界上最有魅力的男人？不過，隨著暑期結束，蔡青文對女孩子的瞭解逐漸增多，種種不祥之兆開始出現。

女孩子原來是個快要結婚的人，對前男友也有較深的感情。前男友對她更是疼愛有加，百般寵愛。只是在女孩子眼裡，前男友不是那麼優秀，就是說，她還不是特別愛他。可是婚事在即，雙方都已經做好了準備工作，難道就因為缺乏「特別愛」就此了事，這不是戲耍別人，無事生非嗎？男方家裡十分生氣，指責女孩子不拿婚事當大事。女孩子也很強勢，與男方家裡爭吵理論，結果雙方徹底鬧翻，只得分手。

然後，女孩與蔡青文火速進入新的戀愛程式之中。然而上次的感情傷害還在，暑期之後，她對蔡青文說：「我一直想出國，十月份的時候有一次機會出國遊學，一年左右的時間。」

蔡青文不想她離開，極力挽留，卻沒有效果。女孩子說了，出國是她的夢想，好不容易等來的機會，哪能說放棄就放棄。

蔡青文說：「那我們的愛情怎麼辦？我很愛妳，不想與妳分開這麼久。」

女孩子沒說什麼。後來，她告訴蔡青文自己的故事，並說害怕以後會做出同樣的事，傷害到他，因此她想分手。蔡青文很難過，這算什麼事啊！明明愛著，卻忽然間要分手，真是受不了。難道她不愛自己，還是從來沒愛過，或者只是不得已？

為了試探女孩子，蔡青文編造了一個謊言。這天，他打電話給她說公司剛剛做出的決定，要他去分公司任職，任期三年。女孩子不等他說完，掛斷電話就跑來了蔡青文的公司。

夜裡，他們說了很多話。女孩子說跟蔡青文在一起，又是喜歡又是怕，她說他是那種孜然味（孜然又名「安息茴香」，來自維吾爾語，又名「阿拉伯茴香」。產於中亞、伊朗一帶，氣味芳香而濃烈，祛除腥膻異味的作用很強，還能解除肉類的油膩，因此常被用在燒烤牛、羊肉中。）的男人，不吃忍不住，吃多了又傷身體。她還談到了自己的幾位前男友，他們的味道與蔡青文相比，只能算是清淡的茶飲，在一起平靜舒適，卻沒有特殊感覺，缺乏刺激和衝動。

從她的種種行為來看，蔡青文認為她確實愛著自己，在乎自己。可是第二天早上，女孩子執意一個人離開，蔡青文很想攔她，留她，她只是說：「不用了，像你這樣的男人會吸引很多女人，可是我不適合當個情人。」

蔡青文說：「不要怕，我會跟妳結婚的。」

她笑了：「我怕和你結婚。」

可是她不是說不想當情人嗎？怎麼又怕結婚？蔡青文真是莫名其妙，他想是不是自己性格急躁，太過強勢，讓她有壓力。於是他選擇了豁達，假裝大度地說：「好吧！妳出國吧！不要擔心我，有緣我們會相見的。」

女孩子沒說什麼，一個人默默離開，蔡青文沒有送她。

之後，蔡青文與她失去了所有聯繫。蔡青文還是忘不了她，給她寫郵件表達自己的心聲，卻沒有任何回音。她，彷彿從世間蒸發了。

蔡青文更加苦惱，他覺得女孩子在有意逃避他，如果不是，又何必做的這麼決絕？

心理剖析

都說女人感性而多情，這不代表她們一定為情所困、為情所苦，相反，她們在處理感情的時候，也可以乾脆、俐落，毫不留情。正是因為看透了感情的本質，操縱起來才可能更加自如、有力。何況，有些女人在感情面前總是清楚自己想要什麼，自己適合什麼。她們的目標明確，道路清晰，何苦還要走彎路，做錯事，投錯情。

就像故事中的女人，她愛的是誰不重要，關鍵是她適合的對象是誰。如果男方有某些方面不合適，那麼只能是她感情路上的過客。她說「不適合做情人」，好像在撇清自己，實則告訴男人，你不過是我感情路上的過客，充其量是個情人，現在連情人我也不想要你做了。明白嗎？

很簡單，她有她的方向，不會為哪個男人而改變。短短兩個月的熱戀之後就決絕分手，說明她內心強悍，不容置疑。她會刪除所有聯繫方式，在行動上向你宣示：不要再抱有幻想。

【見招拆招】

男人總是小瞧了女人，相信女人的眼淚。可是女人也會滴幾滴鱷魚的眼淚。

想想看，她說不適合做情人，千方百計避開你，無非是不想讓你干擾她前進的道路。別再追了，窮追不捨也許會讓她回頭看你一眼，可是眼神中除了瞧不起，不會有任何留戀。

好強的女人，更渴望被男人征服。她說喜歡你身上的味道，正是喜歡你的強勢，如果膩下去，會讓她感覺你的味道變了、淡了，也成了她拋棄的「茶飲」。

總之，自尊是男人的骨頭，讓她看得起，就昂揚起來。有緣還會相見，無緣對面不識。你能做到讓她留戀，這就給自己留了機會。

20「請給我一段時間考慮」

【潛臺詞】不給我時間，我怎麼溜啊！別抱希望了，這段考慮期可能會無限期地拖下去。

劉家成最近很鬱悶，他和女友的戀愛頻頻亮起紅燈，不是吵架就是冷戰，好像這段情緣走到了盡頭。那天喝酒時，劉家成心情不好喝多了，與幾個朋友聊天，不知不覺聊到了女人。他醉意朦朧地說：「我女友跟我說，讓我給她一段時間考慮，你們說這是什麼意思？她是不是想溜啊？」

幾個朋友各抒己見，有的說：「還考慮什麼，都談了一兩年了，女人就是這麼麻煩！」有的說：「管她呢！她走了才好，哥兒們給你介紹更好的。」

所謂年輕氣盛，恐怕就是這副模樣，天不怕地不怕，女友分手也不怕。

年輕時男人總捉摸不透女人，不知道她們到底想要什麼，猜不透她們的話中之意。女人確實有著一套與男人不同的戀愛哲學，她們追求完美害怕傷害，她們不會輕易的愛，也不會簡單的不愛。對她們來說，處理好與每個戀人的關係，等於是一種智慧，而不是一場敷衍。為了挑選到最佳配偶，她們會花費一輩子時間去找尋，難怪有人說：女人的一生，就是為了找到一個好男人。

印證這一說法的事例很多，其中一則寓言就說明了這一問題：

小孩子們都叫她晴姑姑，她長得很漂亮，個頭又高，身材又好，在當地是出了名的美女。晴姑姑與母親相依為命，據說他父親偷渡去了外國，很多年沒有回來過。

喜歡晴姑姑的男人很多，其中有兩個長得英俊瀟灑，對她愛的最深切。他們經常來看望晴姑姑，還不約而同地在同一天向她求婚。

這兩個男人中的一個是晴姑姑的同學，他與晴姑姑相處多年，感情一直不錯。為了支持晴姑姑讀書，他家還拿了錢。另一個是晴姑姑的同事，雖然相處不久，但十分迷戀她，擺足了非她不娶的架勢。

晴姑姑到底更喜歡誰呢？她自己也拿不定主意了。思來想去，她決定把他倆叫來，當面考驗他們誰更愛自己。兩位男人如期赴約，他們迫不及待地訴說衷腸：「沒有人比我更愛妳，我願意掏出心來讓妳看看。」他們彼此毫不退讓，大有出手一搏之意。

為了勸阻他們，不要讓他們大打出手，晴姑姑想到了一個更高的招數，她決定讓他們比賽，內容是：誰能在一年時間內賺到更多金錢，誰就是贏家，她就嫁給誰。

兩位男人同意了這個建議，開始比賽賺錢。結果一年又一年，由於種種原因，他們始終難以決定勝負，賺的錢不相上下。而在做生意的過程中，兩個男人從最初的為了愛情作夢開始理解什麼是真正的商業，從最初的競爭開始尋求生活的刺激和快樂，他們奔向未來，樂在其中，生活充滿了意義，更有價值。與此同時，他們與晴姑姑的關係越來越淡，幾乎淡忘了當初的約定。最後，晴姑姑等白了頭，可是他們早已沒有了音信。

女人考驗男人，最常用的武器就是時間。她們認為，時間彌久，愛情的真偽度越透明。所以，她會說「一年後再來找我」，「我想過了二十二歲再談戀愛」等等。這是她的計謀，男人聽了，卻以為是推託之詞。

劉家成和女友最終分手了，他不想等待一場無果的感情；晴姑姑的戀人消失了，他們耗不起無謂的等待。

心理剖析

沒有幾個女人能夠做到乾脆俐落地處理一段感情，她們更多的是遲疑猶豫，到底要不要放棄？畢竟曾經付出，就這麼離開是不是太虧了？或者要是我說分手，他不放過我怎麼辦？

男人不直接說「分手」，是出於愛面子，怕傷害女人的心理。女人這麼做，則是擔心男人糾纏，害怕自己受傷。並非女人更自私，而是她們更弱小。從自我保護的天性出發，她們只有更委婉地表達，才會獲得更圓滿的結果。

女人說「給我一段時間考慮」，是想給彼此一段時間做分手的準備。分手不是一句話的事，情感的離別，不是說斷就斷的，藕斷絲還連，只有時間能夠消磨那些傷痕、那些痛苦。

時間是無形的殺手，會消滅很多難以克服的情感難題。

【見招拆招】

女人說「給我一段時間考慮」，男人就要想到你們的關係非常脆弱了，她在提醒你做分手的準備。如果你不想分手，那就不要給她「考慮期」，死纏爛打，施展愛的神功，能在一起一分鐘，就不要59秒。放手給她自由，結局只有一個，她會離你而去。

當然，這不是要你像無賴一樣賴住她，而是反覆真誠地向她表示你有多愛她，不僅用語言，更要用行動。

賴住一個人很難，賴住一個女人更難。如果她真的對你死了心，也不要灰心喪氣，讓她走吧！你會找到更好的。

21 「你的溫柔我會銘記在心」

【潛臺詞】縱然你是情聖，溫柔無限好，可是這還不夠，沒有金錢是萬萬不行的。

茜茜是我出國留學時認識的女孩，她是位活潑開朗的鄉村姑娘，在弗蘭克的姨媽家做廚娘，很可愛，也很有追求，特別喜歡自己的工作。我是弗蘭克姨媽家的房客，那時弗蘭克也在那裡居住。我們三個都是年輕人，很快熟識起來。不久，我發現弗蘭克與茜茜彼此喜歡上了對方，他們之間產生了感情。只是，他們誰也沒有表明這份感情，默默感受著彼此的愛意而已。

半年後，弗蘭克因為家庭緣故，被迫回去處理家事。他的家庭狀況很差，父母早逝，留下弗蘭克兄妹兩人，前年妹妹出嫁了。弗蘭克無家可歸，就住到了姨媽家。如今，聽說他父母的舊宅被拍賣了，他想回去看看。

臨行前，他來到廚房向茜茜表白，希望她跟隨自己一起回去。

茜茜背對弗蘭克，用力攪拌著手裡的雞蛋和麵粉，許久才緩緩說道：「你知道，我有我的追求和奮鬥目標，我想當一位出色的廚娘，照顧我的家庭和弟弟妹妹們。就像你想當一名詩人一樣。所以，我覺得回去不是我要的生活！」

弗蘭克說了很多溫情的話，卻始終說服不了茜茜，只好暫時作罷。

第二天清晨，餐桌旁上擺著一個大蛋糕。弗蘭克知道這是茜茜的傑作，於是高興地切了一塊放到嘴裡品嚐。然而，與以往不同，他沒有高興地嚥下去，而是吃驚地張大了嘴巴。蛋糕雖然鬆軟可口，卻有一股鹹鹹的味道，好像裡面摻進了食鹽。沒等弗蘭克說話，姨媽尖叫起來：「茜茜是不是把鹽當成糖了？難道最後一天做事就該馬馬虎虎嗎？」

「最後一天？」弗蘭克驚詫不已，「茜茜走了嗎？」

姨媽嘆息著說：「是啊！她昨晚走了，還給你留了一封信。」

茜茜在信中說出了自己的愛，也說出了自己的無奈，她說：「你的溫柔我會銘記在心，可是我們不能在一起。」讀完信，品嚐著蛋糕又鹹又澀的滋味，弗蘭克傷心欲絕：「本來打算兩年後和茜茜結婚的，可是她卻悄悄離去了。難道這樣我就不再愛她了嗎？不，不，除非她親口對我說，否則我不會死心！」

弗蘭克決心與時間抗爭，等待奇蹟出現。

心理剖析

有一種分手叫「無奈」，男女之間確實有愛、有情，可是現實殘酷，只有溫柔是不夠的，還要與現實接軌，與金錢掛勾。這不是世俗不世俗的問題，而是生存的必然法則。

女人有時候更實際，她清楚愛情只是雙方共同生活的開始，最終要承載感情之外的很多東西，彼此的興趣、家庭、社會關係等等。如果不能明確自己的追求，盲目地以為只要有愛就夠了，那是大錯特錯的。

「你的溫柔我會銘記在心」，女人在告訴男人，我記住了這份柔情，但我還想要更好的生活。你既然無法做到，還是讓我重新去尋覓吧！

如此委婉地表達分手，讓男人在感動之餘，也多了份慰藉，她畢竟是愛著我的，不過無奈罷了。

當然，愛情是真是假，只有女人心裡最清楚。

【見招拆招】

聽到女人的柔情表白，男人無不為之動心：這個女人真的愛我！

也許是真的，可是你們的關係恐怕到此為止。女人下了決心離開你，哪怕你是賈寶玉，她也不會回頭。

也許是假的，你們的關係就更沒有未來，她不過是煽情者，麻醉一下你的情感神經罷了，沒其他意思。

付出再多，愛情也不見得一定有結果。能夠讓一個女人記住你，這已經是對你的回報，該放手時就放手，生活不是愛情的延續，長期忍受金錢折磨的婚姻註定不幸福。

22 「別人都說你條件不錯」

【潛臺詞】那就讓別人來愛你吧！因為我從沒有這麼認為。

雖然女人都喜歡自以為是，可是現實證明，不是每個女人都是高貴的白天鵝。當然，男人也不都是癩蛤蟆，即使被女人貼上標籤也都自認為不是。但是，做為女人，她們常常會產生「路見不平」的感慨：出類拔萃的女孩最終往往被那些賽前不被看好的黑馬擄獲，而女孩眼裡人見人愛的白馬王子最後卻娶了一個「醜女人」，或者漂亮的「傻女人」。天鵝為什麼遭到遺棄？真是令人費解、令人氣憤。

那天，我和朋友在餐廳用餐，不知不覺被身旁幾位年輕人的談話吸引了。一個二十多歲的年輕人在婚姻介紹公司做程式設計師，他的工作要求經常接待一些二十歲左右的漂亮女孩來徵友。這是一份不錯的差事，卻也常常遇到一些「狗血事件」，令他氣憤不已。

他說，有一次來了個二十歲的女孩，長相還算美麗，聽說他們婚姻介紹公司具有網路背景，具有龐大的人才資料庫時，立即兩眼放光，高興地要了份表格向他走去。

他常規性的問了句：「妳想要什麼樣的啊？」

女孩的回答很乾脆，簡直可說是斬釘截鐵，不容置疑：「三十歲以上，有名車、別墅。」

他機械化地在資料庫搜索，很長時間只找到三個符合條件的對象。女孩聽了，滿臉失望之情，一定覺得人選太少了。

他不想失去這位客戶，連忙勸慰她：「您可以放低一點條件，會找到更多。」

猶豫片刻，女孩說：「那就把年齡改一下，二十五歲以上吧！」

他又開始為她搜索，這次多出了兩個人選。不過女孩還是覺得太少了，最終滿懷失望地離去了。

「在女人眼裡，房子和車子才是最基本、最重要的條件。就算是個人渣，只要條件優越，她們都肯嫁。」其他幾個年輕人忿忿不平地議論著。

聽得出來，那位做程式設計師的年輕人很健談，他開始講自己的一段親身經歷。他曾在網路上遇到一個女孩，聊了近三個月，相片都遞了，結果在要見面的前一天，那女孩突然打了退堂鼓，理由是：「別人說你條件不錯，有車有房，我本來可以將就的，可惜……唉，無緣啊！」

有車有房還是不能滿足女方的要求，一時間，在座諸人無不動容，頗有兔死狐悲之感。他更是感慨，繼續說著心裡話：「像我這樣的IT有為青年，有才有貌，怎麼就討不到老婆呢？二十六年，二十六年歲月如逝，我卻還是孤家寡人，可悲可嘆，那些有眼光的女孩都哪去了？」

他的話引來笑聲一片，有位小夥子勸他：「兄弟，挺住啊！快三十歲了，到時候換輛寶馬，買棟別墅，女孩子肯定堵上門。」

寶馬、別墅？難道這是現代女孩子擇偶的條件之一了？那可真是可怕，我不由得向窗外看看我那輛破奧迪，心裡直打鼓：多虧早出生了幾年，不然何年何月才能娶到老婆！

聽著他們的議論，突然聯想到天鵝和癩蛤蟆的故事：羽翼豐滿的天鵝高傲地昂著美麗的脖頸，牠等啊等啊，挑啊挑，卻始終等不來真命天子。在牠的夢裡，白雪公主從來都是被白馬王子吻醒的，從來沒聽說被癩蛤蟆偷襲過。可是，長久等待之後，她們不得不低下頭時，發現了一道充滿渴慕的目光——來自癩蛤蟆的眼睛！

天鵝或許偶爾答應一下癩蛤蟆的約會邀請，只不過被誠心感動並非有什麼成全牠的打算。其實，癩蛤蟆自有主張，不是沒有勇氣追天鵝，而是壓根沒打算追。

男人很實際，他知道自己娶回家的一定是老婆，而非其他，天鵝怎麼可以做癩蛤蟆的妻子呢？

心理剖析

天鵝和癩蛤蟆之說，反映了女人的一種變態心理：自以為是，對異性挑剔不斷。

條件再好的男人，她也會找出不足和缺陷，她也可能拒絕他。不為別的，只為了顯示自己的高不可攀。

女人天生是喜歡被人追的，卻一直缺乏對男人的瞭解，不瞭解那些「癩蛤蟆」的心事，不肯對他們說出心裡話。所以，男女的愛情啞謎打了上萬年，彼此尋找著共同點，最後卻發現愛情最致命的殺手還是愛情本身。

女人總希望男友有氣質、有學識，有錢又有情調還不花心，可惜，這種男人比超人還難找，超人還可以杜撰一個，這種男人如果杜撰了，會招致億萬女性的痛罵：這不是害我睡不好覺嗎？

與全世界女人爭奪一個杜撰的男人，肯定是個辛苦的事情。

聰明一點的話，還不如跟「癩蛤蟆」約會好了，說不定哪天「癩蛤蟆」脫胎換骨成了「白馬」。

話歸正題，說「別人都說你條件好」的女人，一定把男友當成了超級「癩蛤蟆」。他，還不能與自己相提並論。

當然，直接說男友是「癩蛤蟆」，太不好意思，情人眼裡出西施，說不定有人看他還是「白馬」呢！

【見招拆招】

一個男人聽到女友說「別人都說你條件好」，一定不太自在，你想追的是她，關乎別人何事？她搬出「別人」來又意味著什麼？

說到底，女友對你的條件不太滿意，把你歸入了「癩蛤蟆」之列。其實，癩蛤蟆沒什麼不好，通常只有癩蛤蟆才想吃天鵝肉。

你不妨順著女友的意思說：「我不在乎別人的看法，只想聽聽妳的意見。」也可以開玩笑：「可是我不喜歡別人，就喜歡妳。」

男人要有自信，不要聽到女人的貶損就自暴自棄。一般而言，過不了幾年，「癩蛤蟆」功成名就，瞧瞧吧！身邊圍滿了各式各樣的「天鵝」，都在等你來吃她們的「肉」。

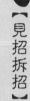

23

「我想我真的不適合你」

【潛臺詞】其實我想說，我根本就不喜歡你！

阿香是朋友圈裡有名的資深熟女，身居公司要職，相貌出眾，舉止大方。可惜的是，她至今孑然一身，每天早出晚歸，除了那隻寵物狗汪汪叫幾聲，豪華的住宅內寂寥無聲。

很多人認為阿香是個事業狂，不喜歡戀愛、結婚。其實不然，阿香從沒有想過拒絕戀愛和婚姻，真實情況是多年來她先後交了好幾個男朋友，每次都想有個好結果，最終都是事與願違。

隨著年齡增長，阿香的心態越是不穩定，談戀愛的次數逐年遞增，分手的時間一次比一次快。其中她與一個男友交往了不到三個月，就分手大吉，各走各路。也許習慣了這樣的聚散離合，阿香的內心深處好像沒了愛情兩個字，多的是如何考驗對方的真實性、可靠性。她已經完全不相信男人了，可悲可怕！

最近，她又交了一個男友。對方比她小兩歲，工作一般，收入與她無法比。一開始，她覺得男友年齡、相貌都很合適，雖說賺錢少，不是有自己嗎？兩個人在一起照樣能過好日子。可是交著交著，她後悔了，她想男人還要住我的房子，我這不是「降價」了嗎？我不能當這樣的冤大頭。她催促男友趕緊買房子，男友很認真看待這段感情，許諾說：「房子不是問題，很快就會解決了。」他確實在積極想辦法籌集頭期款，並謀劃著如何還貸款等事項。

男友這邊買房子進入日程了，阿香卻多了個心眼，她不信任男友，透過各種方法深入男友的公司調查取證，然後拿著結果找到男友興師問罪：「你騙人。你們公司的員工收入很低，沒有補貼，你拿什麼買房子？難道你想讓我跟了你還房貸？」她越說越激動，真有點秦香蓮怒斥陳世美的架勢。

男友向她道歉，向她解釋說：「妳說的都是真的，可是我也沒騙妳。我多少有些積蓄，家裡聽說我要買房子，也湊了一些錢，加在一起夠頭期款了。再說，我們都有工作有收入，可以慢慢還房貸……」

阿香聽不下去了，怒氣沖沖地說：「我想我根本不適合你，再見吧！」說完，她揚長而去。

就這樣，阿香拋棄了一個個男友，或者說男友一個個離開了她。阿香很清醒，也很痛苦，她覺得自己沒有錯，為什麼就是找不到合適的意中人呢？

心理剖析

女人的夢想是找一個合適的意中人，所謂合適不合適，只有她自己知道。這樣看來，女人說「不合適」的時候，無非是找了一個看似充足的理由，實則不堪推敲。

做為男人，聽到女人說與自己不合適，還能怎麼辦，總不能牛不喝水強按頭，既然不合適，還是重新尋找更合適的吧！男人愛面子，更怕麻煩，女人早就抓住了他們的心理弱點。

【見招拆招】

「不合適」是最微妙、最容易達到目的的分手言論。女人這麼說，與她感情不夠深厚的男友聽了，覺得沒必要糾纏，一拍兩散，毫無負擔，還挺痛快的。與她感情深厚的男友聽了，會覺得自慚：原來這麼長時間她都在努力適應我，現在沒辦法繼續了，才這麼委婉告訴我內心的想法。她很高尚，很值得尊重。

不管怎麼想，女人認為自己不適合你，根本的出發點是不再喜歡你，或者根本沒有喜歡過你。

與這樣的女人怎樣相處？離開也許是最好的選擇。如果實在不想離開，那就打消她的顧慮，或者換種方法去追求，用行動告訴她，你真的愛她。

24「我暫時不想交男朋友」

【潛臺詞】閃邊閃邊，你這副模樣，離我心中的標準男人差遠了。

前幾天，一檔電視娛樂節目採訪了一位著名女服裝設計師安辰，此時的她剛剛當上媽媽，一臉的幸福模樣。

導演說：「她結婚以後改變很多，像換了一個人。」

安辰的媽媽也說：「她結婚以後變得溫順了。」

而她的好朋友更是無限感慨地說：「她讓我更堅信自己一定要結婚，而且要當媽媽。你們都不知道，她以前總掛在嘴邊的是，結婚幹嘛？要孩子幹嘛？現在她變了，完全是另外一個人，不再有以前那種漂浮不定的感覺。」

安辰曾是位獨身主義者，對追求的異性向來不放在眼裡。她說最多的一句話就是「我暫時不想交男朋友」，這成了她拒絕追求者的經典之語，由此趕走了一批批愛慕者。

後來，她搬進一棟自己買來的房子，有了完完全全屬於自己的空間。雖然家和房子完全是兩個概念，但她認為：「在自己的房子裡，實在是一種幸福。」就這樣，她進入了真正寧靜的一人世界。清晨睜開眼，在音樂聲中慢慢起床；夜晚降臨，靜聽蟲鳴風聲，真是神仙一樣的日子。

安辰說，她第一次知道自己這麼能幹，獨自面對世界，她覺得這才是真正的獨立。回家沒人說話，對她來說不感到寂寞；面對遇到的問題，還不斷給自己加油打氣：「我可以的！」

突然有一天，所有的美好轉變成了一種災難。她給朋友打電話，聲音悽慘地說：「我想戀愛，我想結婚，我想身邊有個人，有個真正的家，有個孩子！」

原來她生病了。其實，身體的難受算不了什麼，令人難以忍受的是身體上的不適造成的心理上的傷痛。她病在屋裡兩天沒起床，可是她的朋友一個也沒有來看望她。晚上，她硬撐起來為自己煮雞蛋。這時卻停電了，屋裡一片漆黑。黑暗中，她簡直感到絕望。這麼多年來第一次感到獨自一人走不下去了。

在表面宣揚自由美好的日子裡，背後早就隱藏了一個巨大的深淵。搬進新居後，最初的新鮮感沒有了，孤獨成了唯一，她頻頻邀請朋友共進晚餐。屋裡有人，不管是大人還是孩子，總給人心情躍動之感，沒人，心情只能往下沉。過去她不愛看電視，可是她現在有事沒事總要打開看看，不為別的，就為聽聽裡面人物的說話聲。單身對女人的殺傷力是強烈的，它是一把軟刀子，不知不覺地就改變了一個女人的性情。

朋友過去安慰她，說：「等妳能大口地吃著可口的飯菜到處找朋友玩的時候，妳的想法又會改變。」

她默然，生活方式純粹是一種個人趣味與愛好。

但這次她說：「如果有一天，我的生活中出現了那麼一個人，我愛他，他也愛我，我會毫不猶豫地跟他結婚。」

看來，單身有時候也是一種災難。

後來，安辰果然將自己嫁了出去，並生了孩子。

心理剖析

以「暫時不想交男朋友」為名的獨身主義女子，要嘛是條件太高太苛刻，要嘛是眼前還沒有中意的目標。她不是真的單身者，只是希望讓自己有更多時間去挑選最優秀的男人。

可是太高的條件容易嚇跑男人，嚇得他們望而卻步，讓她曲高和寡，成為真正的孤家寡人。

實際上，單身女人往往是些害怕負責任、不願意面對現實壓力的人，多半缺乏自信心，而且常常被寂寞和不安所困擾，這恰恰是人格不健全的典型表現。哪個女人真想一輩子單身？

【見招拆招】

很多女人會以「暫時不想交男朋友」為名拒絕男人的求愛，如果信以為真，等到她想交男朋友了再來找她，對不起，恐怕早已名花有主，沒有你的事了。

擺明了這是一種拒絕的藉口，她認為你條件不夠好，沒有相中你，可是又不好說出口。遇到這種女人，男人不能傻等，也不能輕易退步，可以開玩笑地說：「在妳想交男朋友之前，由我來照顧妳好了。」也可以說：「沒關係，我們可以做普通朋友。」

心急吃不了熱豆腐，耐心和信心才是必勝法寶。

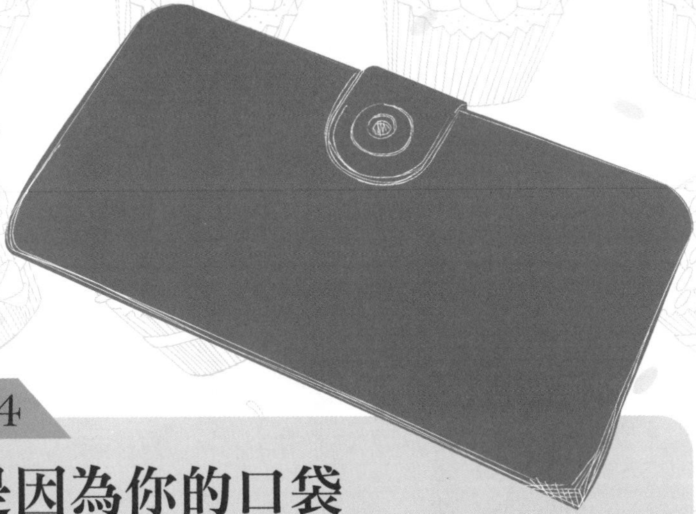

Contents 04

看上你可不是因為你的口袋
——貪圖男人的錢，更貪圖男人的愛

女人多抱怨，男人多心酸。

愛，用什麼來衡量？

有人說，與金錢無關；有人說，看付出多少。

付出，不僅意味著愛心，還有物質。

女人與男人在一起，最想獲得的是一種安全感。男人給予女人愛，是給予她安全，給予她保護。可是這種安全和保護如果離開金錢，就變得很不安全。不是嗎？財富是實在的，看得見摸得著，而男人的心，到底是黑還是紅，總不能剖開肚子來看一看。

因此，一旦男人在物質方面不夠積極時，女人的第一反應就是安全感減退。

女人一定會將這種感覺發洩出來，她也許會直接追問財富的事，也許會拐彎抹角地問：「你是不是真的愛我？」言下之意，你怎麼不捨得為我花錢了？此愛非彼愛，這種愛包含了更多物質的東西，還讓男人覺得女人依然是感情至上的人，而非物質女。

這就是女人的聰明，以「愛」為藉口逼迫男人出更多力，花更多錢。

說到底，女人愛男人，愛的是一種能力，一種社會地位，一種保障感。

不是女人太無情，而是生活太實際。

金錢不是萬能的，可是沒有錢的愛情，也終究是難長久的。

一個不要錢的女人，想要的東西會更多。

25 「我不介意你有多少錢」

【潛臺詞】我更看重你賺錢的能力，或者是因為你很有錢，我都懶得數了，有多少算多少吧！

認識一位當地有名的富商，不僅事業有成，家財萬貫，而且一表人才，舉止灑脫，富有愛心和責任感，身邊一直不乏對他心儀的美女。富商雖不是那種拈花惹草的花花公子，可是由於前年髮妻病亡，在人們看來，重新演繹一段才子佳人的浪漫愛情似乎勢在必行。

不過富商對那些打扮入時、倚姣作媚、千方百計吸引他注意的美女從不動心。

一次，記者採訪他時聊到了私人問題：「聽說某某女星在追求你，這是不是真的？您喜歡她嗎？有沒有打算與她交往？」

富商認真地說：「這都是謠傳。」他還說到了自己和亡妻之間的感情，那意思聽起來他十分懷念亡妻，對她的感情至深，其他女人無法替代。

從此，在很多人印象中他是個情聖，是個對感情絕對負責任的人。

男人就是這樣，越對感情負責，越有女人喜歡。那些仰慕者不僅沒有減少，反而更多了。然而兩年過去了，富商一直沒有做出新選擇，倒是傳出一些緋聞，但他總是予以否定，他的意思是不會對不起亡妻。

就在人們漸漸淡忘富商的未了情緣時，一則爆炸性新聞面世：富商近期將與一位名不見經傳的女舞蹈老師結婚。

這是個什麼樣的女人？如何吸引了富商？是漂亮？年輕？還是……

由於富商的社會地位，他的婚事格外受人關注，媒體聞風而動，迅速捕捉關於女舞蹈老師的各種資訊。她不過是一個國中的老師，三十多歲，因為是學舞蹈出身，身材自然好；要說容貌，與很多女明星相比，當然不算漂亮，可是給人的感覺是一種不加雕飾的美麗。

這樣的女人有資格成為當地第一富豪夫人嗎？

媒體追蹤訪問，採訪了富商和女舞蹈老師。

記者問富商：「人們都說她不夠漂亮，您覺得她是你身邊女人中最漂亮的嗎？與其他女人相比，您認為她哪裡最好、最值得愛？」

富商笑吟吟的，不假思索地說：「她漂不漂亮，只要我喜歡就好。」

記者繼續問：「那麼您是說她確實不漂亮？」

富商無奈地笑著：「不是，她很美。」

記者窮追不捨：「她美在哪裡？您能不能說具體點。」

富商鄭重地回答：「她有一種天然的、不加雕琢的美，這是我最愛的。」

媒體也不放過女舞蹈老師，向她提了很多問題，諸如妳是不是看上了他的財富？你們戀愛有沒有財產公證？婚後妳是繼續工作還是做專職闊太太等等？

對於這些問題，女舞蹈老師微笑著傾聽，微笑著回答，她說：「在我看來，財富只是用來證明一個人能力的數據。」她的意思是不會在乎男人的錢財有多少，只在乎男人的事業心和責任感。

他們的婚禮如期舉行，在現場還有人問富商到底為什麼對女舞蹈老師動了心。他說：「在她身上，我沒有聞到絲毫金錢的味道。」一句話，在場所有人不由得群起鼓掌。

心理剖析

經濟社會，離不開一個「錢」字，女人愛錢，會被不客氣地稱為拜金，可是誰都不是神仙姐姐，誰都要吃、穿、打扮？可是如果將錢的味道掛在臉上，時時刻刻大喊大叫「我愛錢」，註定會讓人瞧不起。

世事總是如此玄妙。愛錢，但不被錢的味道所累，才是圓熟女人的聰明做法。放眼望去，那些成功擄獲優秀男人心的女人，無不是在男人看來「無所欲、無所圖」的。因為男人不是傻瓜，有錢的男人智商更高，他們不會將自己交給那些只愛著自己口袋裡金錢的女人。

所以，聰明的女人說「不介意他有多少錢」，不管是真的這麼想，還是在有意掩飾，都是一個善意的謊言，窮男人聽了，會為妳感動奮進，等他富有起來了也不忘妳的鼎力支持傾心所愛。富男人聽了也會放心、安心：她不是圖我的錢，是真心喜歡我這個人。

【見招拆招】

珍惜吧，當女人表白「不介意你有多少錢」時，縱然知道她是說謊，也要心存感激。如果你無力為她購房購車，現階段不能讓她過上好生活，不要再抱怨和道歉，抓緊時間努力工作，用行動證明，她選擇了你，你會為她終生負責。

如果你家財萬貫，像故事中的富商一樣，不妨學習他，愛一個純潔美好的女人，給她安全感和優越感，讓兩人的婚姻幸福甜如蜜。

26 「你到底是不是真的愛我」

【潛臺詞】你怎麼不捨得為我花錢了？

鄰居家的女兒出嫁了，經常帶著老公回來蹭飯吃，當媽的希望女兒天天回來，可是擔心這樣下去婆家不高興。這天，她和我妻子在門外又嘮叨這件事，「妳說說現在的孩子，結婚了還蹭吃蹭喝的，也不知道將來怎麼過日子？」

妻子說：「家家孩子少，條件好，不都這樣嗎？」

她嘆口氣說：「這倒沒什麼，我願意給他們做吃的、做喝的，可是他們也不開心啊！還不是天天鬧彆扭。」

妻子說：「年輕人有個性，吵吵鬧鬧的，過幾年就好了。」她又說：「隨他去吧！也管不了那麼多。」

過了幾天，我下班回家正巧遇到她女兒、女婿從家裡出來，女兒一臉不高興，她老公跟在後面想解釋什麼，她也不理，氣沖沖走得很急。

到了家門口，看到鄰居站在那裡張望，顯然不放心女兒、女婿。這對年輕夫婦結婚不到半年，戀愛時恩愛如蜜，如膠似漆，現在卻常常吵架，姻緣就是這麼奇怪的東西。

錢鍾書說得好：婚姻是座圍城，外面的人想進去，裡面的人想出來。

後來，聽妻子嘮叨鄰居家的事，原來女兒、女婿天天回娘家吃飯，雖然當媽的樂意接待他們，可是畢竟已經結婚了，女兒認為應該交一部分生活費。女婿沒什麼意見，可是他收入不多，加上自家也有許多開支，所以表現不積極，而且幾乎很少帶禮物過來。前天是鄰居的生日，女兒很想給媽媽一個驚喜，又是準備蛋糕又是買鮮花，女婿認為都是一家人了，應該講究實惠，就去買了隻烤鴨。女兒見了，不但不誇獎，還諷刺說：「你可真捨得，買這麼『大』一隻烤鴨。」

女婿說：「挺好的，媽喜歡吃。」

女兒說：「我知道她喜歡吃，但你也不能這麼摳門，沒有其他表示吧！」

女婿說：「妳不是買了蛋糕、鮮花嗎？」

女兒突然生氣了，指著他說：「我買我買，要你幹什麼！」

兩人越吵越兇，最後女兒連喊帶叫地嚷道：「我真不知道你是真的愛我，還是更愛錢！」

說完，摔門而去。

心理剖析

多數情況下，女人追問男人是不是真的愛她，必定關乎金錢的問題。一個男人，為女人不惜血本，花錢出力，天天圍著她轉，恨不能傾其所有，她還用擔心他的愛嗎？

愛，用什麼來衡量？

有人說，與金錢無關；有人說，看付出多少。

但有一點是肯定的：付出，不僅意味著愛心，還有物質。

一旦男人在物質方面不夠積極時，女人的第一反應就是安全感減退。

所以，女人一定會將這種不安傳達出來，她也許會直接追問財富的事，也許會拐彎抹角地問：「你是不是真的愛我？」言下之意，你怎麼不捨得為我花錢了？此愛非彼愛，這種愛包含了更多物質的東西，卻讓男人覺得女人依然是感情至上的人，而非物質女。

這就是女人的聰明，以「愛」為藉口逼迫男人出更多力，花更多錢，何樂不為。

【見招拆招】

聽到女人關於「愛」的追問，男人首先就要反思一下是不是為她花錢花少了。

不要空口表白「多麼多麼愛她，為她可以怎樣怎樣」。女人要的是你的行動，看你捨不捨得為她花錢。只有花了錢，有了物質的付出，女人才會感覺到安全，這是相愛的基礎。

至於花錢多少，視情況而定。她要天上的月亮，你能買來嗎？量力而為，也要盡己所能，盡心盡力，這就夠了。

另外，不是說女人一定要用錢收買，問題是除此之外，你還有其他更好的表達方式嗎？

如果有，如果你覺得不花錢、不付出，女人照樣認為你愛她愛得不行，照樣死心塌地愛你一輩子，那豈不更妙。

27 「錢由我保管，你支配」

【潛臺詞】可是家裡也沒有你支配的事項啊！算了吧！等有了再說。

很多男人結婚後，發現兩人加在一起的收入多了，可是能夠自由支配的錢財卻少了。不可避免，女人是天生的理財機器，她們更願意管理金錢，支配金錢。

我老婆就是這樣的女人。

婚後有一段時間，她沒有外出工作，沒有什麼收入來源，但她很聰明，與我共同擬定了一份理財計畫，由她管理家庭財務，由我們共同商量決定如何支配錢財。

此後，我的薪水全部交給了她。她每月都有開支方案，將生活必需品和非必需品都列在上面。然後，將所有開銷的憑證都保存好，月底核對一下。

我像忽然間被綁架了一般，失去了金錢的自由支配權。說好了我們共同支配錢財的，可是每次我有什麼提議，都會被老婆無情否決：「這個東西不能買，沒什麼用。」「又去喝酒？不行，這個月沒這項開支計畫。」「什麼？同事結婚，紅包小一點，幹嘛非要那麼大。」……

婚前她是那樣溫柔多情，婚後就像變了個人，冷靜、物質、斤斤計較。

我與她理論，希望她不要這麼摳門，可是她振振有詞：「我不摳門行嗎？吃喝拉撒什麼不要花錢？我們賺錢少，再不省著點，還不喝西北風去？」

我說：「我也沒有想要浪費啊！我的那些開支都是必須的。妳想想……」

「什麼是必須的？要照你說的，一個月的薪水都不夠應酬的，還過不過？」她不容置疑地打斷了我。

我很愛她，但對她這種做法不能忍受。我們開始爭吵，但最終我繳械投降。女人在錢財方面的控制慾望遠遠超出男人的想像，而且，她們的管理能力也確實值得信任。

在總體預算、總量控制的理財觀念指導下，老婆沒有花錢買一輛普通的、並非理想中的車，而是選擇坐捷運、坐計程車外出。當時很多人對她的行為不解，認為她太吝嗇了，對她報以非議。可是她很坦然：「車在不斷貶值，養車的消耗也很大，我會花錢買房子，但不會去買既不能達到我的要求，又在時間變化下不斷貶值的東西。」相對於當今社會的一些「房奴」、「車奴」來說，她的主張顯然更為理智。

後來，她在新聞部門工作，認識了很多圈子裡的人，看到她們出入高級飯店，動不動出國購置服裝，對此她也不以為然：「時尚不是每天都去五星級飯店，去法國或義大利買衣服。」人們也許不知道，她最貴的衣服竟然不足兩百美元。

有一次，幾位朋友相聚，談起對服裝的看法，她很自然地說：「我對衣服的要求就是每個季節的都能夠穿一遍，這樣就足夠了。如果碰巧還能出席一些重要的活動，那就賺了。」這讓在座諸人跌破眼鏡，也讓我面子上有些掛不住。

老婆喜歡改造自己的服裝，有時候還能自己製作一些手工藝品。在參加一次大型活動時，有位貴夫人看到她別致的項鍊，不禁問道：「妳從什麼地方購買的這條項鍊？」

老婆笑著回答：「這是我自己做的。」言語間難掩女人天生對自己藝術創造能力的自豪。「我是家裡的財政大臣，」老婆常常說，「掌管好家裡的開支，保障全家能夠在有限收入的情況下過著無憂無慮的日子，就是我最大的心願。」

有幾次我覺得生活過於簡樸了，提出了一些消費開支。她說：「會理財並不代表窮酸。我可以花最少的錢買最好的東西，只要精準預算，就能讓我們過得很得體。」為了更好地打理家庭財富，她還會對銀行裡的理財產品稍留意一些，對於分紅型保險、基金也有所瞭解，並定期會向專業人士諮詢。因為這方面收益很少，很多人會問她：「這麼點錢有什麼可賺的？」但她本人卻不以為然：「既然能賺一點，為什麼不去賺呢？」

在老婆精心打理下，我們的家庭財富有了穩步提升。

有一次我開玩笑問她如果有一千萬美元的話，會怎麼支配這筆財富。她思考了一下就有了規劃：用一百萬買輛自己喜歡的車，剩下的錢會去投資、做慈善。

心理剖析

女人在錢財方面的控制慾望遠遠超出男人的想像。戀愛時，她會表現出一副不愛錢財的樣子，但是婚後她一定無比清楚家庭財產的狀況。在錢財方面，她天性敏感，預測能力強，好像天生就是一臺理財機器。

沒有哪個女人願意成為只會花錢、沒有大腦的代名詞，尤其是家庭收入，她不會小看每一分錢。

這與女人的安全感有關，掌管經濟大權，等於掌管了家庭命脈，控制婚姻和家庭走向，男人豈敢輕舉妄動。

但是，任何權力的取得都不那麼輕鬆，要想讓男人心甘情願交出經濟權，幾乎不可能。怎麼辦呢？女人告訴男人「我管錢，你花錢」，這總行了吧！錢只不過是放在我這裡，怎麼花你說了算。

貌似善解人意，貌似通情達理，可是誰都清楚，「爹有娘有不如自己有，老婆有還要伸伸手」。向老婆要錢花，不管這個錢是誰賺的，男人已經處於下風了。

【見招拆招】

老婆說「錢由我保管，你支配」，大可放心地說：「好啊！反正家裡也沒什麼大事，我支配的時候也不多，就這麼辦吧！」老婆一定會笑開懷。

原因很簡單，女人管錢的深意就是限制你的支配權，不讓你亂花錢，所以不要對「支配權」抱有幻想了，如果對老婆放心，交給她管理好了；如果還有其他想法，就舉手反對：「不行，我要有一定保管權，不能全部交給妳。」

總之，經濟平等對夫妻感情的影響很大，應該協商處理錢財，最好別出現「我賺錢多，應該聽我的」或「這次我付帳，妳別管」等情況。

28 「今晚我來付帳吧」

【潛臺詞】說說而已，你可千萬別當真。當真了這頓飯就成了我們的最後晚餐，明白嗎？

孔媛媛是公認的好女子，說她好，不僅指容貌、身材，主要是說她做人做事認真，從不亂開玩笑，一向很嚴肅。如果她借了你的錢，一定準時還你，還要根據銀行利率折算給你利息。在經濟社會，這是很難得的誠信和效率。當然，如果你借她的錢，也要如法炮製才成。不然，有你好看。

她約會也很準時，說幾點幾分在什麼地方見面，一定不容絲毫失誤。如果你沒有按時按點到達，註定得罪了她。

時間長了，孔媛媛成了正確的代名詞，在她那裡你找不到缺點和錯誤。

但是，這樣的好女子快三十歲了，還沒有戀愛對象。一開始，她認為戀愛是在浪費時間，結婚沒什麼用處，為了說服別人，她還總結了很多條不結婚的理由跟人辯論，直到對方呼呼睡去才肯甘休。

漸漸的，與她辯論的人少了，她本人卻著起急來。

有一次，竟然答應朋友的安排去約會。

約會的對象說不上完美，但也說得過去。兩人見了幾次面後，媛媛說：「我們在一起要平分制，這樣即便分手了，誰也不欠誰。」道理是這樣，可是男方聽了這話，並不高興。

這天他們一起出去吃飯，買單的時候，媛媛說：「今晚我來付帳。」男友說：「還是我來吧！」媛媛不高興了：「說我付就我付。」男友很想勸勸她，可是看她的神情不敢說。

最終，媛媛付了帳。幾天後，他們的關係也宣告結束。

介紹人詢問緣由時，媛媛氣憤地說：「他太不守信用，說好了平分制，還要我自己買單。」

男方聽了，莫名其妙地說：「本來我想買單，可是她偏要買，我不敢攔她。至於平分制，我根本就沒有想讓她掏一分錢。」

後來，媛媛又經歷了幾次不成功的戀愛，性情有了很多變化。

她不再那麼嚴肅，有時候還會開玩笑說：「下半年就把自己嫁出去。」儘管過了好幾個下半年，她依然待字閨中，可是大家都覺得她可愛了。

她不再那麼堅持，與人約會時會說：「不就是吃幾頓飯嗎？誰愛掏錢誰掏錢。」儘管她掏錢的次數少了，可是大家覺得她親切了。

擺脫了平分制的困擾，媛媛的戀愛生活豐富多了。前幾天她去相親，回來後大家問她怎麼樣，她回答說：「好極了，諸位，如果沒有什麼意外，下個月我就結婚，到時候一定來捧場啊！」我們一臉驚訝：「真的？男方這麼優秀？叫什麼名字？」她認認真真地說：「我叫媛媛，他應該叫方方。」一句話，眾人笑翻。

我們知道，媛媛的婚事一定不會太遙遠了。一個可愛、有趣、會撒點小謊的女人，正是許多男人夢寐以求的婚戀對象。

心理剖析

女人不願被人看作拜金女、物質女，為了顯示清高與不俗，搶著說：「今晚我來付帳吧」，明顯是向男人遞出的招數。如果男人聽了她的話，聽憑女人付帳，問題就大了。

在女人眼裡，你要嘛是小氣吝嗇的代名詞，要嘛根本不喜歡她。

男人會說：「冤枉，她不讓我付帳，我沒辦法啊！」

這只能說你不瞭解女人，在情場上缺乏歷練。

【見招拆招】

當女人說：「今晚我來付帳」時，男人一定要透過現象看本質：她是考驗我還是有什麼其他想法？不被考倒，最好的辦法就是搶著付帳。女士優先，是不變的定律，尊重女人最簡單通俗的做法就是，不惜為她花錢。

不是說花錢代表一切，但不花錢一定代表你愛得不夠。

29 「她們說，××品牌的服飾最適合我」

【潛臺詞】我真的很喜歡XX品牌服裝，你到底捨不捨得給我買？

幾年前，姪女讀大學時與同學戀愛，並把這件事告訴我老婆。老婆很快就查明了男方的底細，跟我說姪女愛上了一個窮小子。姪女的校園戀情除了浪漫純真，也有必要的開支。她常常在網路上向我老婆說他們的故事，他們喜歡看最新的藝術品和好萊塢影片，經常光顧餐廳和路邊的小食攤，最為奢侈的花費就是旅遊，或遠或近，一切預算都要壓到最低。人在旅途，精神是愉快的，而不是物質享受。

老婆半認真半玩笑地說：「妳還真賢慧，沒過門就替他省錢。」

姪女為男友開脫：「他是窮學生，不能太奢侈了。」

在她心裡，像大多數女人一樣，已經有了一種與什麼男人談戀愛就要花什麼樣錢的打算。

正如常常聽到女人說的，「如果我是個剛進社會的新鮮人，而我恰巧愛上的又是比我早進公司兩年的學長，那麼我們的戀愛通常可以描述為 100 多元一餐的麥當勞和兩人 300 多元一場的首輪電影；要是我是工作五年以上的粉領，我的戀愛條件演變為：男方要有經濟實力和氣質魅力，結過婚也不打緊。當然，相對地，與我交往的男士的戀愛條件是，女方要漂亮有氣質，可以不是處女但最好沒結過婚。」

與其說女人的戀愛實際，倒不如說實惠。男人，最好先弄清自己的位置，然後尋找相應的戀愛對象。說難聽一點，談戀愛像做生意，花什麼樣的錢買什麼樣的「商品」。

後來，姪女大學畢業，與男友相伴一起工作。兩人的收入多了，戀愛開支也變了。姪女開始喜歡有情調的餐廳，逛有品味的商場，常常為了買什麼樣的衣服與男友爭論。最終，這對貧賤戀人沒有走到最後，半路上再見，恢復了自由身。

有了上次經驗，姪女再談戀愛時就不那麼單純了，她說不能再找那麼窮的男人了，陪他幾年，什麼也沒有結果，白耽誤青春。也許是賭氣，也許是真心，總之她找了個有錢的男友。為了考驗他是不是真心對自己，她會不客氣地要求吃魚翅，一頓浪漫晚餐可能會花上千元。她會要求品牌服飾，一件衣服足夠我一個月的薪水。

可是，姪女並沒有因此而開心，還時常記起初戀的男友。有次她喝多了，在我家裡哭哭啼啼的，大意是說，前男友雖然沒錢，可是肯為她脫下唯一的外套擋風寒，這是誠摯的心意；現男友雖富有，據說家財萬貫，可是他即使給了 100 萬，感覺不過是把自己當藝術品罷了。

我老婆安慰她，既然已經這樣了，就忘掉前男友，跟現在的男友好好處下去。

姪女說，你知道我為什麼買那麼貴重品牌的服飾嗎？當初，我跟前男友在一起時，我對他說喜歡××牌子的服飾，可是他理都不理，還說我們買不起。自從我跟現在的男友戀愛，我只對他說了一次「她們說，××牌子的衣服最適合我」，他就記住了，每次都給我買最新款式，你看看，我現在是不是比以前時尚美麗多了。

看來，姪女既想要物質，又想要真情，這還真需要下點工夫。

不久後，她突然宣佈：「我要施行新約會法則了。」什麼是新約會法則？她還是經常逛商場，但只是在喜歡的名牌服裝前站站就走；她愛上散步，挽著朋友的胳膊走遍大街小巷；他們一起去看電影，而不是聽音樂會；他們開始有了吃飯的「老地方」，而不是高檔餐廳。總之，她喜滋滋地對我們說，她真的愛上他了，她的夢想成真了。

心理剖析

不管聰明還是愚笨，女人的心思大抵相同。

不管有錢還是沒錢，服裝對女人的誘惑永遠存在。就像動物要梳理毛髮一樣，女人需要合適的服飾裝扮自己，以達到漂亮動人的效果。所以，買衣服是所有戀愛中最傳統的節目之一，也是女人最能觀察男人性情和愛意的方法之一。

她說：「她們說，XX牌子的衣服最適合我」，是誰說的不要緊，關鍵是這個品牌的服裝她有沒有，沒有，當然要男人掏錢去買。只有穿了，才能印證這句話是真是假。

說到底，是她不好意思開口直接向男人要，直接要男人買，特別是相處不久的男友。如果說要，男人立刻會產生一個想法：這是個拜金女孩，太膚淺、太物質。他會從內心深處不再看重她。

而以「她們」為藉口，告訴了男人自己的喜歡，還沒有曝露自己的私心，讓男人覺得她有人緣又懂事，好多朋友都關心她的穿著打扮，看來是個不錯的女子。

【見招拆招】

相信多數男人聽了女人的這句話，都會明白她的內心想法：她希望擁有一套XX品牌的服裝。

好吧，金錢充裕的話就滿足她，並告訴她真的很好看。一定要表現出一臉欣喜的表情，讓她覺得你從內心深處想給她買，而不是敷衍。

當然，沒有能力購買的話，也不要灰心喪氣，告訴她：「放心，我今年一定想辦法讓妳擁有一套。」也可以開玩笑說，「其實，我更喜歡妳穿其他品牌的服裝。」不用說，這個品牌價錢你要負擔得起，而且要有品味，要符合女友的氣質，保證她穿了真的效果不凡。

30 「沒有錢我一樣養著你」

【潛臺詞】這是一句大話，我都不當真，你更不能當真。如果當真了，我們之間就算完了。

2008年經濟危機時，朋友李俊海的公司倒閉，欠債數百萬。好長一段時間，他精神沮喪，失魂落魄，除了天天找我喝酒，其他什麼都不幹。他不敢回家，不敢讓老婆知道這件事，害怕她知道了會無法接受，甚至與他離婚分手。

我勸他：「畢竟夫妻一場，她怎麼會這麼絕情？再說了，人都有落難的時候，外人還要拉一把呢！何況兩口子。」

朋友苦笑：「俗話說得好，夫妻本是同林鳥，大難到來各東西。誰像你這麼迂腐。我人在生意場，見多了聚散離合，這種事很正常。」

世上沒有不透風的牆，後來，李俊海的老婆還是知道了公司倒閉的事，非常消極。再後來，李俊海出國，與老婆的姻緣也就不了了之。

男人沒有了錢，女人就必須與之分手嗎？我總是覺得女人這樣做太絕情了，最起碼要給他關懷和幫助。

其實，道理好講，生活難過，很多事情並非我想的這麼多情。

記得年輕時，有對男女同學相戀並結婚，他們愛得很深，男的家裡窮，女同學不嫌棄、不抱怨，反而想盡辦法幫他，給他找工作幫他創業。

男同學有些才氣，總想找份好工作，為此一年跳了好幾次槽，結果次次不順心。

一開始，女同學很沉得住氣，彷彿抓住了潛力股一樣，對他呵護備至。看他折騰覺得很心疼，勸他：「人生苦短，沒必要非逼著自己做不願意做的事，你先在家裡好好調整一下吧！」

男同學很感激，一再表示為了妻子不會放棄。女同學寬慰他：「放心吧！沒有錢我一樣養著你，安心調整吧！」

調整意味著什麼？此後半年時間，男同學一直待在家裡，每天看著妻子進進出出，為了事業打拼，為了賺錢辛苦，心裡很不是滋味。

這時的女同學由於家裡家外的事，顯然耐心消磨了，尤其是看到有些同學賺了錢升了官，每日裡談笑風生，可是回到家見到一個悶在那裡「調整」的老公，真是氣不過來。陰雲不自覺爬上臉龐，她為了一些小事就開始摔摔打打，動不動與老公吵吵鬧鬧。

矛盾迅速升級。那天他們一起回娘家，老公想多買幾件禮物，老婆立刻反對：「不行，哪有那麼多錢！」

老公說：「太少了不好意思拿出手。」

老婆說：「有什麼不好意思的，誰不知道我現在養著你，你還想充有錢！」

老公一聽急了：「我要妳養了嗎？有妳這麼說話的嗎？」

「我怎麼啦？我不過是說了實話。」老婆不甘示弱。

老公摔下手裡的禮物，轉頭就走。

他們冷戰好幾天，最後還是老公主動向老婆道歉，並表示盡快找份工作。

工作是找到了，但是兩人的矛盾也埋下了禍根。此後為了誰養誰的問題他們三天一小吵、五天一大吵，男同學很痛苦地對我們說：「可千萬別信女人的話了，讓你在家調整，那就是給你下套啊！」

心理剖析

即便女人真的有能力養男人，也真的這麼說了，可是一旦真的這麼做了，心裡卻無法抑制住難過的情緒。

為什麼難過？無非是覺得自己這麼不幸，男人這麼不爭氣，自己活得太虧了。

說到底，女人愛男人，愛的是一種能力，一種社會地位，一種保障感。

不是女人太無情，而是生活太實際。

【見招拆招】

不要總是指責女人說了不算，她說：「沒有錢一樣養著你」，已經是很高尚的言語了。哪怕她沒有做到，至少說明她對你有情有義。這就夠了。

男人要做的，不是沒錢了拔腿走人，也不是傻乎乎等著女人賺錢養自己。如果老婆真的愛自己，一時的窘迫也不至於要了婚姻的命，給她信心，給她安慰，難關一過，患難夫妻見真情。

如果老婆給你時間讓你調整，你得感激她，為了她的誓言更要努力，去愛、去做、去行動。誰養誰不是最主要的。看看那些金婚夫婦，誰會在乎這個問題？彼此的適應和容忍才是婚姻的基礎。

31 「我願幫你收拾殘局」

【潛臺詞】等著吧！真有了那麼一天，看誰跑得更快。

朋友A是我的網友，大學畢業三年了，在一家法律事務所工作。他有一位談了多年的女友，是他的同學。兩人從大學開始戀愛，女友很文靜，也很依賴他。在學校讀書時女友總是唯他是瞻，對他百依百順。可以說，那時的他感覺良好，在女友心目中樹立了強大的男子漢形象。

隨著進入社會，女友考上了公務員。這種工作收入穩定，社會地位又高，與男友相比，有了很大的距離。

這時候的A沒有了在校園裡的瀟灑豁達，每天工作八小時之外，常常加班，這還不算，除了與客戶打交道，看他們臉色，還不得不與上司周旋，與同事們明爭暗鬥。總之，意氣風發的他在現實面前顯得畏縮不前。

漸漸的，他與女友的關係出現了微妙變化，他在女友面前越來越弱勢，差距不斷增大。女友顯然也不想這樣，她多次說：「我只想做一個小女人」，可是有什麼辦法呢？她收入比他多兩倍，工作性質決定她更有地位，說話更有份量。有時候為了工作的事，A還要請女友給他幫忙，女友也說過：「你放心做事吧！我會幫你收拾殘局的。」這樣一來，兩人的位置徹底顛覆。

女友雖不是勢利的人，也常常鼓勵他：「二十多歲有幾個賺大錢的，很多人都是靠不斷累積才慢慢有錢的。」話是這麼說，現實面前卻常常感到壓抑。真應證了那句話「錢不是萬能的，沒有錢是萬萬不行的。」

女友很少讓A帶自己出去玩，也不敢和他一起逛街。很明顯，這些離不開花錢，可是花誰的錢合適呢？如果不讓A花錢，會讓他覺得不自在，如果讓他花，他又花不起。女友不得不放棄了很多喜歡的東西，只是因為A付不起錢。

這種日子不好過，女友的壓抑日漸增長，終於有一天她遇到了一個與A截然不同的男人。

這個男人已經過了不惑之年，但很有錢。當然不僅有錢，還有老婆、孩子。他對她很好，總是想方設法為她排憂解難。女友說不清楚自己對他的感情，但面對他的誘惑，幾乎無力反抗。這種狀況讓她左右為難，她的一位已婚女友也遇到了同樣的情況，並對她說：「我要是沒結婚，肯定招架不住這種誘惑。可是這些老男人不過是找刺激罷了，沒人會傻到重新洗牌。」A的女友也知道，那個向自己示愛的男人不會離婚，口口聲聲說喜歡自己，可是更喜歡他的錢，他的車，他的孩子。

後來，女友的左右搖擺讓A發覺了。A很生氣也很難過，他提出分手，可是女友沒有下決心，她的猶豫在於，如果跟A分手了，還會遇到對自己這麼好的男人嗎？

心理剖析

這種女人很常見，缺乏自主意識，喜歡依賴別人。不是她太弱小，而是她心智不夠成熟。在弱肉強食的社會競爭中，這種女人確實可憐、可悲、可恨。不過又有什麼辦法呢？女人，妳的名字叫弱者。

照她說的要求不算高，有個比自己強大的男人保護她，讓她平平安安過日子，有什麼不好？可是社會很複雜、很無奈，不是每個男人都有能力保護心愛的女人，這時女人該怎麼辦？女人的多情和為人的道義感要求她，此時離開男人是一種拋棄，她不想背上「負心人」的惡名，卻又想追求榮華富貴的生活，確實是兩難選擇。

這時，女人硬著頭皮說：「我願為你收拾殘局」，說好聽點這是鼓勵，說難聽點這是侮辱。有幾個男人願意被女人罩著？既然不想，那就做好分手的準備吧！金錢不是萬能的，可是沒有錢的愛情，也終究是難長久的。

【見招拆招】

男人很想得到一個女人徹頭徹尾、死心塌地的愛，可惜杜十娘少見。所以，面對現實的愛情更可靠。

女人已經為金錢動搖了，你即便再努力，也無法與有錢的對手抗衡。再想長遠些，現在她不能容忍你的貧窮，將來有錢了你又能容忍她當初的背叛嗎？

愛情的根基紮不牢，任何風吹草動都會要了它的命。

32「你以為我想要啊？」

【潛臺詞】我真的想要，而且想要你主動給我。

網路上有一份關於戀愛的報名，其中一項報告顯示超過50％以上的女性認為，在男性月收入四萬元以上才適合談戀愛；有30％的女性認為男性月收入超過四萬五才適合談戀愛。80％以上的女性認為男人月薪不足三萬五的話，根本沒資格談戀愛。多麼現實的婚戀觀！更何況好多新鮮女性的結婚條件很苛刻，必須有房有車、父母有足夠經濟實力，婚姻才更舒適。

在這麼現實的婚戀面前，男人感到力不從心。因為另一項調查顯示，臺大畢業生月薪平均只有三萬元左右。

大好的青春年華，卻沒有資格談戀愛，確實是一場莫大的悲劇。

一個二十歲的未婚男人在網路上吐槽：

我敢肯定，與一些人相比我是一個自身素質和條件很好的男人，文憑高，相貌好，有責任感和上進心。我個性爽朗，與朋友、同學相處得很好，與同事、客戶也談得來。可是這些年來我一直苦苦尋覓，卻始終沒有遇到另一半。

我覺得自己一片好心用在別人身上，卻換不來絲毫理解。

她們會說我很好，可是就是不跟我結婚；

她們會說感謝我，可是不會再與我聯繫；

她們會說與我在一起很開心，可是要求我不能提愛情。

看到那些條件還不如自己的人，也有女友願與他攜手奮鬥，哪怕擠在一間出租套房，也毫無怨言。

我真的很悲哀。

我為什麼遇不到一個好女人？

雖然我沒房、沒車、沒有有錢的老子，但我有一顆真心。

我認為有責任的男人應該為未來考慮，雖然收入不多，只有節儉理財，積少成多，慢慢終歸會有自己的房子、車子。

另一個男人也表達了自己的無奈：

剛剛分手的女朋友就是這樣，我們各方面都談得來，可是就是在理財觀念上存在分歧。

那天去逛街，女友說去百貨公司，我說那地方東西貴，不划算，還不如去市場。女友說，百貨公司的服裝有品味，再說也不一定買，去看看何妨。

我跟著去了，在琳瑯滿目的服裝中遊蕩，想想每件衣服都是血汗錢換來的，不免心傷。

後來，女友看中了一條裙子，很貴的那種。貴是貴，可是只要女友喜歡，我認了。含淚掏錢付款，換來女友滿臉桃花，這也值得了。

之後，我帶她去參加同學聚會，大家都說她漂亮，裙子好看。我真的很開心很開心。聚會時多喝了幾杯，回來的路上與女友聊天，話題總是離不開這條裙子。也許我還心疼我的錢，真的，說著說著女友翻臉了：「不就一條裙子嗎？」

我說：「好歹也是花了很多錢，說說還不行！」

女友立刻回敬一句：「你以為我想要啊？現在誰不穿這樣的衣服？要是穿地攤貨，還不給你丟人！」

我無語。

從小到大，我覺得命運都是掌握在自己手裡，前途要靠自己去選擇、去拼搏，可是努力了又如何，是什麼阻擋在我身邊，讓我的她至今不肯出現，還是我EQ為零，不配戀愛？

心理剖析

心傷總是難免的。不為別的，只為了滿足自己，滿足慾望。

這個世界，不管到了什麼時候，為錢奔波的一定是男人，為錢受傷的也一定是男人。沒聽說哪個男人因為女人不賺錢就離開她，但是幾乎每個女人都可以對男人說：「你養不起我，我要走了。」

沒有人笑話她，反而都會同情她，「這個女人終於醒悟了，不再跟著那個男人受罪了。」

所以，女人多抱怨，男人多心酸。

更何況，女人還要偽裝善良的面目，她說我不是嫌貧愛富的人，我不想要那麼多，可是沒辦法，我不想成為另類，我想過普通人的生活。

一句「普通人的生活」，就給男人戴上了枷鎖。

女人說：「你以為我想要啊？」說到底，還是男人的錢太少。

【見招拆招】

錢多錢少，量力而為，盡心盡意，是男人在婚戀中最好的選擇。一個窮小子，肯花十塊錢為女友過生日，足見其真心；一個大富豪，花幾十萬帶女友出國旅遊，有可能只是圖新鮮。

男人不必抱怨女人拜金，就像故事中說的，也有女人願意跟著男人住出租套房打拼，因為她得到了足夠的安全和愛心。

女人最怕的不是沒有錢的男人，而是有錢不肯為自己花的男人。這個男人不是吝嗇，而是對自己愛得不夠。

可以節儉理財，但不是苛刻每一份支出。畢竟戀愛是女人一生最美好的時刻，這個時候還不捨得為她花錢，要等到什麼時候？

所以，男主角在傾訴苦衷時，是不是該反省反省自己，有沒有對女友太過小氣？站在她的角度想一想，還沒跟你過日子呢，憑什麼為你節省每一分錢，對不對？

33「只要你和我在一起，我什麼都無所謂」

【潛臺詞】你和我在一起，只要不缺錢，其他什麼都無所謂。

都說她是一個聰明的女孩，可是她愛上了大她十多歲的已婚男人，還口口聲聲說：「只要和你在一起，我什麼都無所謂。」

她鐵了心跟這個已婚男人在一起。還說，他給我財物，許我職位，我全部拒絕了，我就是叫他明白，我跟他是因為愛，不是為了升官發財。

為了愛情犧牲一切，這是常見的海誓山盟，卻很難見到有什麼好結果。

當男人與妳發生了關係，就許給妳錢財、職位時，顯然只把你們的關係看作交換，而不是愛。

雖然他咬牙切齒地說，回家就休掉黃臉婆。可是說得多，做得少，因為歷經風雨的他比妳更清楚：一個不要錢的女人，想要的東西會更多。

隨著時間流逝，激情消磨，女孩子的愛心也不再那麼單純堅決，她開始抱怨男人：「為什麼還不趕緊離婚？什麼時候娶我？你是不是騙我？」男人說什麼好呢？他除了拖延別無良策，而且他還會說：「我不是經常陪妳嗎？這就夠了。」

女孩子氣悶，卻無言以對，當初她說過：「只要和你在一起，我什麼都無所謂」，現在不是在一起了嗎？

可是女孩子不依不饒，她覺得自己太虧了，怎麼想都覺得虧。於是她還是強調：「我要你和我天天在一起，不能這麼不明不白的。」

此時的男人，早對女孩子有了厭倦之心，別說愛，喜歡的成分已經大大褪色，許諾都懶得做了。

兩人的關係從熱情熱絡，直降到冰天雪地。女孩子很想找個人哭訴一下：「我是多麼清高的女子，不圖名利，怎麼遇上這麼劣質的男人！」

自始至終她都以為男人不會辜負自己，可是現在她錯了，她開始覺得自己上當被騙，她很想為自己討回公道。

這個時候，她發現自己懷孕了。這是最好的武器，她對男人說想生下這個孩子。男人一聽，頭搖得像撥浪鼓：「不行不行，絕對不行。」

「為什麼不行？」女孩氣憤地說，「我養活他，不用你管。」

男人好言相勸：「妳一個姑娘家，哪能背上這樣的惡名聲。先打了吧！要想生，以後有的是機會。」

女孩子不聽，哭哭啼啼，她說：「你要是不同意，我就去你家、去你公司，告訴他們我和你的事。」

男人不敢惹她，極盡所能又哄又勸。

後來，女孩子終究沒有生下這個孩子，她哭得像個淚人，覺得自己當初真是瞎了眼，遇到一個不負責任的男人。

愛變成了恨，女孩始終不明白，我無所求、無所圖，為什麼就遇不到好男人？而那個男人，從一開始就清楚，他喜歡的是女孩子的身體，至於女孩子的誓言，他曾經感動，卻不會當真。

心理剖析

女人談戀愛，除了想獲取安全感，還有優越感。什麼是優越感？女人喜歡比較，也叫攀比，某某比自己的衣服好看了、誰的老公賺錢多了、誰的孩子工作出色……等等細枝末節的生活問題都會困擾她，讓她憂心，讓她歡喜。如果自己的老公更能幹、孩子出息，她高興；反之，她則憂心忡忡。

只有比其他女人活得好，她才開心，雖然這很自私，但滿足了她的虛榮心。

缺乏優越感的女人會焦慮，會失落，覺得自己的身價降低了，這是她們最不願意看到的。

追求優越感，離不開金錢的支撐。不管是單純浪漫的校園戀情，還是世俗物質的社會戀情，女人總想向外人傳遞一個資訊：這個男人會給我超越常人的好生活，我的後半生有保障了。看來，這種女人有深深的自卑感，害怕無法對自己負起責任。

這也是人之常情。畢竟女人在社會中立足的時間，遠遠沒有為自己負責任的時間長。

她說：「只要和你在一起，我什麼都無所謂」時，男方要嘛是個有錢人，要嘛是個有潛力的人，無錢又無潛力的男人，女人不會與之海誓山盟。

【見招拆招】

女人的誓言當不得真，這是男人的經驗之談。

一個不要錢的女人，想要的東西會更多。

而且，與有錢的男人戀愛時，她們會說不愛錢。與有勢的男人戀愛時，她們會說不圖權勢。這就是女人，貌似清高，實則虛偽。

一個沒錢沒勢的男人，要想得到女人「只要和你在一起，我什麼都無所謂」的誓言，恐怕很難。而且得到了，也不要以為這是不變的。因為這是愛的誓言，而不是一生的誓言。

女人給你愛的力量，是想獲得更多愛，更多安全感，更多優越感。如果你不能給她，那麼她的誓言就會打折，就會拋售。

所以，面對女人的誓言，男人可以感動，可以當真，但最重要的是一定要對得起她的誓言，給她想要的東西，這樣你們才會幸福。

不然，誓言再多，也抵不住時間消磨，好好的愛情到頭來一場空。

Contents 05

婚姻需要經營，幸福需要對手——會愛的不如會裝的

婚姻需要經營，幸福需要對手。

想想那個「沒你抱著睡不著」的女人，是不是很值得愛戀？很值得付出？

只要你這麼想了，女人的計謀就得逞啦！

女人不但騙男人，也騙自己。在她無法確定未來如何時，違心的說愛，主要是依賴心理在起作用。她害怕孤單，害怕沒有著落。

女人在跟男人之前，總會顧慮重重，想著天長地久的事，卻很少想到天長地久有盡時。

這是女人的詭計，也是女人的荒唐。無怪乎張愛玲說：「你向女人猛然提出一個問句，她的第一個回答大約是正史，第二個回答就是小說了。」

小說，以編造與虛構取勝，誇張是其中極具文學色彩的修辭方法。

34 「我要你說『你愛我』」

【潛臺詞】我想知道你是不是真的愛我，你對我的愛有多深。

常常聽到有人議論：「那個男人真笨啊！女人明明是為了錢才和他在一起，他卻看不出來，還把她當寶貝。」

是真的看不出來，還是另有所想？再笨的男人也不至於看不透身邊女人是否真的愛他吧！

婚姻需要經營，幸福需要對手。

一個人為了騙你而愛你，如果能一輩子愛下去，不就足夠了嗎？

二十八歲的茵茵最近閃電結婚了。對方是個受過傷害的男人，三十二歲，與前女友戀愛多年，由於個性不合最終分手。

據說他和前女友當年十分恩愛，他為了前女友付出很多，為她洗衣做飯，幾乎包辦了她的生活。也許正因為如此，前女友失去了自我，從畢業到分手，同居四、五年時間內，竟一直沒有正式工作過。

他並不嫌棄前女友沒有收入，但無法忍受她的咆哮和諷刺。由於他個子不高，前女友經常嘲笑他，指責他，幾乎每週都要侮辱他一番。他一忍再忍，女友一進再進。終於他有了分手的念頭，他覺得自己就是根彈簧，總有要斷掉的那天。

如果不是顧忌分手後女友沒有生活來源，他也許早就提出分手了。直到有一天，女友從老家回來，他去車站接她。在見面的剎那他看到了女友惡毒而不屑的眼神，聽到了幾近侮辱的話語，他徹底爆發，提出了分手。

前女友曾經那麼傲慢，瞧不起他，現在卻怎麼也不願意接受分手的事實。從此，天天去找他，去公司鬧，甚至在大街上攔住他撕爛他的衣服。

覆水難收。他無論如何不會回頭，很快找了新女友，也就是茵茵。不久，兩人結婚了，當然瞞著那位前女友。他把自己的過去全都告訴了茵茵，並希望兩人可以有美好的未來。

茵茵很珍惜眼前的男人。雖然兩人相處不長，但她覺得他是個負責任的人，為了前女友付出很多，也有過真情。可是，自己能否獲得他的真愛呢？

金錢是愛的證明嗎？婚後又該如何跟他相處下去？

茵茵想的，也是他顧慮的。他常常想，她是不是為了錢才跟我？

前一段感情沒有處理好，這段感情又該如何走下去？

茵茵很小心地與他相處。

一天晚飯後，兩人默默坐著看電視，像是一對陌生人。茵茵很不自在，她很想打破這一僵局。於是，她輕輕走到他眼前，遞過去一張紙片：「我要你說『你愛我』。」然後，她迅速回到了臥室。

他很驚喜，也很遲疑，前段感情的傷害也好，幸福也罷，如今依然縈繞心頭，他確實為前女友付出過真愛，現在真的要忘記一切從頭開始嗎？雖然已為夫婦，可是他們之間確實沒有多少愛，也沒有多少情。

所幸的是，茵茵是個識大體的女人，也可以說她對老公比較滿意，她不想讓婚姻在不確定中前進，很想擁有一段有真愛的感情。

此後，茵茵多次暗示老公愛情可以從頭再來，向老公「索愛」。比如，生日時她主動提議吃西餐，節假日要求一起旅行，晚上會佈置溫馨浪漫的燭光晚餐。有一天，她還特地從網路上訂購了一件寫著「我愛你」的運動衫送給老公……

現在的他，被濃濃愛意包圍，真的很想對老婆說「我愛妳」，可是又覺得對不起前女友，對不起那段曾經的真情。

心理剖析

男人在感情問題上，總有膽怯懦弱的毛病。他覺得逃避或者消極回應的方式，對女人的傷害會少一些。說好聽了，這是為他人著想，說難聽了，這是不負責任。

女人最大的特點在於感性，何謂感性？在她面前，感情必須明明白白，而不是稀裡糊塗讓她猜。

所以，女人會一而再追問男人「你愛我嗎？」「你必須說愛我。」目的是為了確定男人的愛是真是假，是深是淺。

當女人以各種方式要你向她示愛時，說明她很在乎你，也希望你給予積極熱切的回應。當男人認真而深情地說：「我真的很愛妳」時，女人可能一副無所謂的表情，實際上內心充滿了感動。

處理好一段感情很不易，像故事中提到的兩位女性，前女友以歇斯底里的方式抓住男人，男人卻最終跑了。茵茵不動神色溫和地「索愛」，卻越來越引起男人的好感。

這就是女人的愚笨與聰明之分。沒有真假，沒有對錯，愛與不愛從來不是那麼清楚，從來不是那麼隨人所願。只要努力了，付出了，一切就都是值得。

【見招拆招】

既然已經分手，與前女友的緣分就盡了，不必再給她什麼幻想，也不要再給自己什麼負擔。痛痛快快地說「分手」，哪怕她一時受不了，也比長時間自欺欺人的好。斷了她的幻想，對她說：「我真的愛過妳，可是時過境遷，我們回不到從前了。」告訴她：「我已經結婚，我要為老婆負責，不可能回頭。」

總之，要她明白，必須徹底埋葬你們的感情。

對現任老婆的「索愛」，你一定要大度的接受和付出。這是難得的聰明女人，沒有計較和怨恨，不為前女友而吃醋，心胸夠寬廣了。面對這樣的女人，你還有什麼猶豫和徬徨？愛情也許來得沒那麼快，可是共同生活給你們創造了最好的機會。

不一定說「愛」，但一定要有「愛」的行動。為對方著想，為對方付出，這才是真正意義上的夫妻之情。

35「我不是故意的」

【潛臺詞】當然，故意的也要這麼說，要不誰信呢？

李愛國是我最要好的兄弟，結婚幾年了，一直沒有要孩子。本來夫妻關係很不錯的，這幾天忽然有了衝突。那天他主動找我喝酒，喝多了開始吐槽，說有一天老婆不在家時，他收到了一個寄給老婆的包裹，裡面是一條精美的手鍊，還寫著一行表達愛意的文字。他很吃驚，也很心慌，偷偷觀察老婆的舉止發現了更多問題：老婆新燙了時尚髮型，還做了美容，言行舉止也有很多變化。他越看越覺得不對勁，忍不住問老婆：「是誰送妳的手鍊？」

老婆的回答十分神秘：「一個朋友。」然後再無下文。

這不是擺明了不讓愛國安心嗎？愛國坐不住了，他開始更加關心老婆的一舉一動、一笑一顰，並傾注了心血試圖挽回老婆的心。

聽了愛國的訴說，我也覺得好奇，他老婆是個善解人意的賢慧女人，不見得也玩出軌吧！

可是這種事情不好說，男人很愛面子，不能隨便議論他的家事。我胡亂安慰他幾句，繼續與他喝酒。

隨後，聽說愛國的夫妻關係比以往更甜蜜了。他常常接老婆上下班，陪老婆逛街、吃飯，還給老婆買禮物。在他呵護下，老婆天天開心又浪漫，小日子過得越來越滋味。

我有些好奇，像愛國這樣的男人是不是有些犯賤？

不久，愛國又找我喝酒，看他滿臉喜色就能猜出，他最近心情極佳。真想不到，老婆收到一條曖昧手鍊，他竟然會這麼高興。我陪他喝酒，聽他閒聊，果然聊到了那條手鍊。他說，自從有了手鍊的事情之後，他非常關心老婆，結果兩人的關係彷彿添加了助燃劑，從平淡乏味一下子變得熱切親密多了。想想也是，婚後這幾年，兩人雖然相處很好，卻總感覺彼此的情感在一點點冷卻，失去了熱戀的芬芳，不再浪漫，不再熱辣，婚姻生活消磨了愛情。

老婆也多次跟他說過這種感覺，可是有什麼辦法，已經走到這步，只能按部就班過下去。總不能時光倒流，再來一次戀愛吧！為此，老婆也有過感慨，有過無奈，不過終究歸於平靜。

沒想到，那條手鍊的出現激起了李愛國的醋意，讓他忽然間覺得這幾年對老婆的付出太少了，他們的感情太過平淡了，想起老婆多次的嘮叨，他意識自己應該為老婆做點什麼。

最終，他選擇了與老婆重新戀愛一次。他像熱戀時一樣接送老婆上下班，給老婆買禮物，陪她說話，陪她逛街。

就這些簡單的行動，老婆被徹底征服，再也沒有神秘的舉止，再也不背著他做任何事，而是與他卿卿我我，說不盡恩愛，道不完甜蜜，真像熱戀中的小姑娘一樣嬌羞動人。

夫妻關係恢復如新婚，還有比這更感人、更溫馨的事嗎？

不過，事情到此還沒有結束。

一天，愛國提前下班，本來想給老婆一個驚喜的，他躡手躡腳進了門。老婆沒有聽到他進來的聲音，正與好友通電話：「是啊！一條神秘的手鍊幫我拉回了老公的心……」

愛國恍悟，原來那條手鍊是老婆設下的「圈套」！

愛國講到這裡，笑嘻嘻看著我說：「我不想揭老婆的底，她這是善意的。可是她還是覺察到了，跟我說『不是故意的』，你說我該不該跟她挑明？」

心理剖析

柔軟是女性的特色，說話、做事中無不有所透露，比如，她跟老公說：「我不是故意的」，擺明是請老公的「諒解」，也許只是一件微不足道的小事，也許是非常重要的大事，但她們很少主動承擔責任，不管有心還是無意，只要承認「不是故意的」，基本上可以獲得老公的原諒。

這是抓住了男人的自大心理。男人覺得不與女人計較，是寬宏大量，所以，聽到女人說「不是故意的」，他通常都是擺擺手，不予深究。有些時候，哪怕觸及到了己身利益，他也不再理睬。

對女人來說，還有比這更簡單的方法嗎？

先做了再說，或者達到了目的再說，男人只好默許默認。

就像故事中的女主角，若即若離，讓老公牽掛，他才會珍惜這段感情。

有位女士婚後二十年來，對付老公有一個絕招——每當老公不太在意她時，她就會獨自收拾行裝去旅行，臨走時扔下一句話：「親愛的，我走了，至於是什麼原因，我想這是我的秘密。」結果老公每次都極力挽留她，並想方設法請她回來。

【見招拆招】

既然女人不願挑明的事情，男人最好也不要故作聰明。這不過是她的一點小心機，被你識破了，你還裝作不知道，她會更開心，覺得你真的愛她、疼她、關心她。她會為此跟你撒嬌，跟你深情纏綿。

她為了愛你而耍的小聰明，即便觸及到了你的利益，而出發點是善意的，是為了改善你們的關係，使之更和諧溫馨，有什麼不好？

所以，不必追究女人的小伎倆，高興了還可以配合她「演戲」，讓她的計謀得逞，看看吧，她對你真的溫柔到了極點。

36 「沒你抱著我睡不著」

【潛臺詞】不要忽略我的感受，我很依賴你，雖然沒有你我也睡得很好。

朋友陳錦騰最近總不回家，除了跟朋友們混在一起吃吃喝喝，就是躲到辦公室裡玩電腦遊戲。不是他值班的時候，也爭著搶著加夜班，看樣子真是能不回家就不回。有人好奇地問他：「是不是被老婆打出來了？」他說：「她打我倒好了，我實在受不了她的糾纏。」

熟悉他們夫妻的人都知道，陳錦騰自從和老婆談戀愛開始，就像是被老婆黏上了一般，他走到哪老婆跟到哪，他做什麼老婆跟在身後做什麼。老婆比他小幾歲，對他十分依戀，恨不能寸步不離。

越是纏得緊，男人越想飛。陳錦騰從開始承包老婆的所有事務，什麼洗衣做飯、接送上下班、哄她睡覺，到後來漸漸失去了興趣。可是只要兩人在一起，老婆就會沒完沒了地要求他做這做那，不是頭痛腦熱，就是心情不爽，還非要他抱著才能睡覺。

世界盃到了，陳錦騰是個球迷，多年來從沒有錯過這樣的大賽事。這是他們婚後第一次世界盃，為了保證自己看球順利，他提前跟老婆打招呼：「親愛的，我看球賽會影響妳休息，我還是搬到客廳睡吧！」他收拾被褥、枕頭，準備在沙發上度過充滿激情令人振奮的一個月。

老婆並沒有多麼反對，並且有時候還會湊過去看一兩眼。可是世界盃之夜在她心裡並不浪漫，而是越來越乏味，沒有老公陪伴的她像是失了魂。

快要凌晨1點了，她爬起來披頭散髮地跑到老公面前，躺在他的懷裡撒嬌：「老公，沒你抱著我睡不著。」

陳錦騰一邊撫摸她，一邊盯著電視。

結果，球賽沒看完，老婆先發了飆：「就知道看球，難道我還不如一顆球好看嗎？」

此後，老婆再也不肯為看球讓步，堅決要陳錦騰搬回臥室去睡。不管多麼晚，不管多麼累，都要抱著她一起睡。

這可真是個苦差事。雖然熱戀中的男人總希望女人躺在自己的懷裡，可是一旦婚後，男人沒一個肯抱著老婆睡覺的。就算是做愛，也是能簡單就簡單，別說其他時候了。

陳錦騰招架不住，卻又不敢得罪老婆，無奈之下他選擇了少回家。他的意思是「我不回家，妳見不著我，總不好再找我的麻煩了吧！」

沒想到，這下子麻煩更大了，老婆見不到陳錦騰，有話沒人說，有苦無處訴，心裡委屈得很。她一天八次給他打電話，還時常去辦公室找他，不管人多人少，都會追著問：「你怎麼不回家？肯定心裡有鬼！」

陳錦騰哭笑不得：「有妳這樣的老婆，鬼都會嚇跑的。」

從溫柔相伴，到如今想方設法不肯回家，陳錦騰有時候想想也會反問自己：「我這麼做對嗎？是不是太過分了？可是我怎麼害怕與她單獨相處呢？是不是緣分盡了？」他從內心深處不想傷害老婆，更不願做危害婚姻的事，可是究竟如何做才能恢復昔日情懷，讓他們的關係不再這麼彆扭呢？

心理剖析

在婚姻關係中，男女雙方都會有剎不了車的時候。比如女人的「索愛」，常常無休無止，不知滿足，她很想男人分分秒秒在身邊，徹徹底底伴隨著自己。這對她來說是一種幸福，對男人而言就是一種折磨。

為了鎖住男人，她會說：「沒你抱著我睡不著」，聽起來是一句愛意濃濃的話，很愛、很想、很依賴男人，習慣了與他同床共枕。可是老天有眼，哪天她是一直坐到天亮的？

男人愛吹牛，女人會誇張，無怪乎張愛玲說：「你向女人猛然提出一個問句，她的第一個回答大約是正史，第二個回答就是小說了。」

小說，以編造與虛構取勝，誇張是其中極具文學色彩的修辭方法。

想想那個「沒你抱著睡不著」的女人，是不是很值得愛戀？很值得付出？只要你這麼想了，女人的計謀就得逞啦！

【見招拆招】

不怕天不怕地，就怕女人來鬧事。男人擺不平女人的時候，總是一肚子怨言，搞得像個怨婦。可是你想沒想過那個被你冷落的真怨婦？

喜歡滑雪的人會有這樣的經驗，剛開始學滑雪時看著別人滑得很容易，可是一旦穿上滑雪板，一下子滑出去了才發現，根本不懂得如何保持平衡。這就像婚姻，進去後會遇到很多無法掌控的問題。

如果你的婚姻出現狀況，奉勸你不要一意孤行，多問問自己的心，聽聽自己的心，如果你還愛她，就不要躲避，也不要輕言分離。

婚姻不是一張彩券，即使輸了也不能一撕了事。

對她說出你的感受，說出你的想法。女人不是你想得那麼不可理喻，當你告訴她「抱著睡覺會很累的」時候，她一定表示理解，而不是死纏爛打。

37 「你的啤酒肚越來越威武了」

【潛臺詞】注意啦，身材走形了，該減肥就減肥吧！

小S以禦夫有術聞名圈內外，演繹著演藝人士少見的幸福婚姻和美滿家庭戲碼。不得不說這個女人確實夠本事，嘴甜，同時不太黏人，不太張牙舞爪。一句話，她掌握了與男人相處的幸福密碼，懂得哄男人開心，讓婚姻幸福。

無論走到哪裡，小S從不忘把老公掛在嘴邊，什麼「是他讓我對愛情和婚姻有了信心」、「我看他看不夠」之類的話，哪個老公聽了不喜歡？即便老公被偷拍到摟著辣妹的照片，她也不像一般女人表現出受傷很深、很無辜的樣子，也沒有發飆大鬧，而是大度豁然地自嘲：「我只能說這是他娶了巨星必須付出的代價！」

怎麼樣？這句話夠厲害，第一先把錯誤和原因攬到自己身上，說由於自己是明星，老公才會遭遇偷拍失去相對的人生自由。第二這種自嘲的態度表現出了她的睿智和豁達，一方面獲得大眾的同情，一方面獲得大眾的讚許，為自己加分提升魅力。可以說她深諳娛樂圈遊戲規則，很會處理這類危機。還有，以小S的個性和形象，在這類事件面前她不會沉默，必須有自己的立場和態度。在大眾面前她裝哭，玩自嘲，滿足大夥的窺私慾，博取大夥同情心。有什麼不好？說了這麼多小S的事，無非是想告訴女人們，婚姻需要經營，經營需要智慧，傻乎乎的愛不長久。

比如前面說到的陳錦騰夫婦式的婚姻，也許甜蜜一時，卻不能長久一世。

在現實生活中，聰明的女人也不乏其人。章志文是我們朋友圈子裡長相較差的男人，用年輕人的話說，當年他就是一「窮矮醜」，不僅家庭條件差，長得醜，個頭還不高。這樣的男人，在這樣的社會，不是註定了讓他孤寂一生、與幸福無緣嗎？

俗話說情人眼裡出西施，事情就是這麼怪。章志文不但找到了另一半，而且還找對了，他的老婆雖然不漂亮、不高貴，但很有智慧。

結婚以後，他老婆承擔了大部分家務，很少抱怨和挑剔。她在人前人後總流露出一股幸福的甜蜜感，誰見了都會覺得他們很幸福。

隨著時間推移，志文在工作中獲得很大的成就，做了官，有了地位。由於工作原因他開始很少回家，總是在外面吃吃喝喝。不少人開始勸他老婆：「妳要小心啦，志文現在當官了，小心變壞了。」

他老婆總是笑嘻嘻的，看她胸有成竹的樣子，倒讓人覺得那些勸說者不懷好意。

當然，志文的老婆並非不關心他，而是很在意他，只不過這份在意總是那麼含蓄、體貼，恰到好處。

志文個子矮，最近又發福了。這種時候，很多做妻子的會嘮嘮叨叨抱怨老公不運動、不注意，也有些妻子會漠視不管，任其發展。可是志文的老婆沒有這麼做，她趁著志文高興的時候，會拍拍他的肚子說：「哎呀，啤酒肚越來越威武了。」幾次之後，志文反而不好意思，主動說：「要不然減減肥。」

其實，他老婆早就有了這樣的打算，於是一早一晚帶著他出去散步，還給他更換飲食。在她精心調理下，志文的身體狀況一直很棒，有次去ＫＴＶ唱歌，還跳了段熱舞。四十多歲的男人，跳完了面不改色，真讓一般人汗顏。

不言而喻，志文強健有活力的身體給他們的婚姻注入永動力，哪個女人不喜歡男人活力四射？哪段婚姻的幸福離得開激情和慾望？

心理剖析

男人的啤酒肚很威武嗎？女人這麼說，是奉承你，也是敲打你，肚子太大，勢必影響行動，影響健康，消磨你的活力，讓你怎麼努力都不及過去那般雄壯。

想想看，女人懷孕四、五個月的時候你有什麼感受？如果感受不美妙，那就理解女人對你啤酒肚的真實想法吧！

在床上，女人需要活力和激情，需要肌肉和技巧，不需要一個毫無美感、毫無力量的肥肚子。肚子再大，終究是一團肥肉，除了累贅，能給女人帶來什麼？

可是，說出這種真實的感受勢必挫傷男人的信心，甚至傷了和氣。所以，聰明的女人不會直接指責男人，不會不留情面地嘲笑他的大肚子，而是在合適的時候撫摸著他的肚子說：「你的啤酒肚越來越威武了。」很明顯，她想提醒男人你的肚子越來越大了，想辦法控制控制吧！

【見招拆招】

識趣的男人通常能聽懂女人的意思，也有可能採取一些措施。畢竟，肚子長在自己身上，太過肥胖對身體不利，不為別的，為了健康也該控制一下。

但是減肥是件苦差事，也是件難差事，尤其是物資極其豐富的現代社會，酒肉奢糜，營養過剩，想瘦下來還真不容易。

那麼，就請你老婆來監督吧！一方面讓她覺得你重視她、信任她，在共同努力的過程中，還會加深彼此的幸福感。一方面有了她的貼身「保護」，「肥肉」自然不敢輕易近身。

38 「我對愛情和婚姻絕對是忠誠的」

【潛臺詞】如果上帝肯為我保密，給我一次出軌的機會，我一定會選擇紅杏出牆。

曾經有位女助理，結婚後辭職做專職太太。兩年後，她要求重新上班，原來她與老公離婚了。她向我哭訴老公的種種不是，說自從有了孩子，他很少回家，經常出入一些燈紅酒綠的地方。做為妻子，她多次警告他，可是沒有效果。她說，我們當初發過誓，對愛情和婚姻一定要忠誠，我是這麼做的，他卻沒做到。

我為她悲哀，在男人出現問題的時候，她沒有仔細地思索，沒有用心地關愛，只是冷冷地警告！

為了震懾老公，她一改溫良作風，每天都要叫嚷幾次離婚，希望老公能夠有所醒悟。而且，她還以其人之道還治其人之身，開始放縱自己出入各種場所，與不同男人保持曖昧關係。然而，她每次叫嚷「離婚」，都彷彿是在催促老公離開她、離開家一樣，她的「威脅伎倆」使老公產生深深反感，老公不但沒有回頭，還越陷越深。

事態發展到這種地步，離婚與否的主動權已不在女助理手裡。後來，情敵懷孕，老公歉疚地對她說，妳一直埋怨我欺騙了妳，現在我不能再對不起那個女人了，不過我不會扔下妳和孩子不管。眼看著丈夫娶了自己的情敵，女助理很受傷，她覺得是自己親手把老公推給了別人。

女助理無奈地說，自己提出離婚，自己故意與別的男人來往，不過是嚇一下老公，希望他能夠回心轉意，沒想到……。我忍不住說，妳老公一開始並沒有變心，哪來的回心轉意？聰明的女助理明白了，她意識到是自己沒有給婚姻一點彈性，一味地要求婚姻雙方應該絕對忠誠，絲毫不允許對方犯任何錯誤，現在看來，缺乏彈性的婚姻是極度脆弱的。

許多女人都會犯這類錯誤，她們信誓旦旦「我對愛情和婚姻絕對是忠誠的」，並且要求男人也這麼說這麼做。

這句話本身沒有錯，錯就錯在女人的理解上。

任何婚姻都有出現問題的可能，不是妳想怎麼樣就怎麼樣的。

在漫長的婚姻歲月中，男人、女人都會受到無數的誘惑，男人會出軌，女人也一樣會違背誓言。

之所以常常聽到負心漢的故事，是因為女人喜歡哭訴，喜歡到處宣揚老公的背叛。而男人遇到老婆出軌的事，避之不及，更不會出來張揚。

其實，女人遇上優秀的男人，就像男人遇到漂亮的女人一樣，會為之怦然心動，把持不住了，越軌之事也就不可避免。

只不過女人更在乎自己的名聲，更害怕背上負心的罪名。不信的話，如果給她一次出軌的機會，上帝許諾為她保密的話，她肯定會選擇紅杏出牆。

當然，與之相比，男人在沒有上帝承諾的情況下，也常常奮不顧身抓住出牆的花朵。

這就是男女之間最正常的情感反應，從來沒有絕對的忠誠，只有相對的愛和喜歡。

那位女助理後來又交了男友，還準備結婚。看她恢復了昔日神采，每天開開心心工作，我真替她高興。此時的她，應該多少理解了忠誠的含意吧！畢竟，再毒的誓言也已經成為過去，他現在的男友如果夠聰明的話，一定不會深究她當年的事，不會傻到問她：「妳不是說對愛情和婚姻是忠誠的嗎？怎麼現在與我在一起？以後會不會還跟別的男人？」

心理剖析

是否該相信女人的「忠誠」之說，最好先問問自己會不會對其他女人感興趣。多情自古有之，好色不分男女，愛把你們拴在了一起，但不代表從此之後她的心只為你跳動。

忠誠不是說了就做到的，一個男人看了一眼漂亮女人，算不算出軌？一個女人為優秀的男人心動，算不算出軌？

真正的忠誠恰恰不是說出來的，無需發誓、無需懷疑對方是否忠誠，才是真正的和諧婚姻關係。

【見招拆招】

不把女人的誓言當真，但也不要隨便揭穿她。畢竟，相處是兩個人的感覺，只要喜歡，只要過得去，說什麼都無所謂。

何況，她的表白說明她很在乎你，在乎你們的關係。不然，她也不用煞費苦心表「忠誠」了。

也就是說，她以「忠誠」為藉口要脅你時，你要心平氣和地掂量掂量，究竟她是真心還是假意。

39「我會一輩子和你在一起」

【潛臺詞】這句話，我說過好多次，不只對一個人說。說多了，就會不由自主地冒出來。

快要結婚的明智遇到了傷心事，未婚妻忽然失蹤，不知去向。

明智是我一個遠方親戚的兒子，前幾年在城裡讀書，去年畢業回到了鎮上工作。這是個不足一萬人的小鎮，他們家世世代代在這裡生活，日子倒也過得舒心自在。

明智回到小鎮後，一次買東西時認識了超市的收銀員。當時，他買了幾罐飲料匆匆忙忙離開了，沒想到收銀員追過來說少找了他幾塊錢。明智注意到這是一個漂亮的女生，而且還這麼有責任感，對她很有好感。

之後，明智常常去那家超市買東西，當然，主要是為了見那個漂亮的收銀員。一來二去，兩人熟絡起來，電話交流、下班後約會，他們成了無話不談的好朋友。

收銀員叫蕭心葉，曾經交過一個男友，畢業後男友回了家鄉，她回到了鎮上。她家庭條件不好，男友家裡反對他們交往，結果就分手了。她說她去過男友家，可是沒有住在一起，也沒有發生過關係，就這樣失落地回了家。

明智是個傳統的男人，聽說蕭心葉還是個處女，高興得心花怒放，展開了迅猛追求。不多久，他們進入熱戀當中，並開始籌劃婚姻大事。

明智積極張羅新婚房子，還幫著蕭心葉的父母看病，將精力全都用到了她和她家人身上。蕭心葉感動得多次哭泣，趴在明智的懷裡發誓：「我會一輩子和你在一起。」

婚事緊鑼密鼓進行中，沒想到意外發生。

這天蕭心葉忽然接到前男友電話，說他快要結婚了，很難過，因為他一直深愛著蕭心葉。接完電話後，蕭心葉臉色很難看，在明智追問下她說了實情。

明智沒說什麼，但感覺蕭心葉的前男友不負責任，快要結婚的人了，還跟以前的女友說這種話，擺明了沒安好心。

此後，蕭心葉的前男友經常給她打電話，總說忘不了她。蕭心葉像是中了毒，對前男友的話言聽計從。明智一再提醒她不要理那個男人了，可是蕭心葉聽不進去。

前幾天，明智為了公司的事出了趟差，回來後就找不到蕭心葉了。說好的下月初結婚，現在未婚妻不見了，真是急死人。

明智到處找她，卻沒有任何訊息。後來，他從蕭心葉的聊天中找到了她和一個男人的聊天記錄。那個男人是她的前男友，兩人約好了這幾天見面。那個男人要求蕭心葉跟他上床，因為他不想結婚後後悔。

蕭心葉竟然同意了這麼無恥的要求，並如期赴約。

明智心痛極了，他滿腔熱情的付出，竟換來蕭心葉不顧一切的背叛！

兩個星期後，蕭心葉出現了。她給明智發了一封搞笑簡訊，可是明智笑不出來。她又給明智打電話，若無其事地讓他去車站接她。

明智問她這些天做什麼了，她說去參加一個好友的婚禮。還說，看到好友結婚了，自己深有同感，也盼望著早一天結婚。

明智想不到外表看起來溫柔純潔的女友，原來是個徹頭徹尾的謊言家。他原想只要她說出實話，我就原諒她，再給她一次機會。可是現在看來一切都是假的，他拿出了聊天記錄。女友當即哭了，這才承認自己與前男友私會去了，她把自己的處女之身給了他，以為可以挽回前男友的心。結果她失敗了，只好回來。她說現在自己特別想結婚，並且以為結婚就會徹底忘了前男友。

明智再也無法忍受，他怒氣難遏：「妳以為我還會跟妳結婚嗎？作夢吧！我絕對不會娶妳！」說完，他摔門而出。

之後，蕭心葉多次去找明智，向他道歉，乞求他的原諒。可是明智無論如何也做不到，每次見到她，都覺得她那麼醜陋、那麼陌生，那個曾經躺在自己懷裡說「一輩子和你在一起」的女孩，真是她嗎？

心理剖析

「一輩子和你在一起」，這是癡情女子常說的話。這句話很具有殺傷力，男人聽了，會為之激動萬分，甚至愛得發狂。其實，這句話不過是一句謊言。

事實證明，情感經歷越多的女人，越習慣說這樣的話。

這是女人的詭計，也是女人的荒唐。總覺得得不到的東西是最好的，卻無視眼前擁有的。到頭來，一個「和你在一起的」男人也得不到。

【見招拆招】

不要抱怨世界太荒誕，實在是男女情感太撲朔迷離。有些女人用令人費解的方式去做事，去愛人，其結果只能是一團糟。

遊戲要有規則，情愛不能太離譜。蕭心葉這種糊裡糊塗的女人，還妄想得到兩個男人的愛，太傻太天真。聰明的女人要學會分析身邊的男人，知道哪個是值得自己一輩子愛的。

做男人的，在看透女人之前，最好有自己的底線，那些不值得愛的女人，過去了也就過去了，不用再去糾纏，苦惱自己。

40「今天晚上要不要沒關係，我理解你的辛苦」

【潛臺詞】如果你相信的話，我會很受傷。真的，我理解你，你卻不理解我。

有一則調查說，大約80%婚齡在七年以上的女人都有相同的體會：

「他在床上對我的熱情和好奇彷彿已經蕩然無存。」

「做愛就像例行公事一樣。」

「是不是因為太熟悉了就一定會走向寡淡呢？」

「每次看他心滿意足地睡去，我都感覺自己像吃了虧一樣，心裡很沮喪。」

「要讓心理和生理一樣滿足真是太難了。」

那次從朋友處喝酒回來，到家已經凌晨一點多了。妻子要我去洗漱，我卻一把抱住她說「我想要」。我們興致很高，同時達到高潮，事後妻子悄悄說，那是她感覺最棒的一次。

很多時候，做女人的總是很含蓄，不願意主動提出這事。記得我和妻子也鬧過彆扭，那段時間我比較忙，每天回家很晚，而且回來後已經十分疲乏，幾乎每次都是倒頭就睡。時間長了，妻子難免幽怨重重。

一天，我回家後發現妻子還沒有吃飯，她準備了一桌溫馨的晚餐，正在等我。我好奇地問：「等我做什麼？」妻子說：「你忘了，今天是你生日。」我拍拍腦門：「真是糊塗了，謝謝妳還記得。」我很想與她共進晚餐，可是我太累了，而且在外面吃過速食，就對她說：「妳吃吧！我先去睡了。」

我沒注意到妻子的不悅。過了一會兒，妻子走進臥室，燈光下默默無語，我偶爾轉頭，驚訝得看到她正在流淚。我慌了：「怎麼回事？哪裡不舒服？」妻子說：「沒有，睡吧！明天還要早起。」

我察覺到了不對，很想安慰她，就從床上爬起來抱住她，準備與她溫存一番。妻子卻推開了我，強作歡笑地說：「睡吧！沒事。要不要沒關係，我理解你的辛苦。」那時我很年輕，沒有理解這句話的含意，看她去收拾床鋪，加上確實疲乏，也就自顧自睡了。

第二天，由於工作安排我去了外地出差，整整一週時間。之間我多次給妻子打電話，她總是說一切安好，讓我放心。可是我聽她的語氣中，感覺不出快樂和開心，好像穿插了不少怨氣和不滿。

等我回家後，我發現我和妻子的關係發生了微妙變化，儘管和諧相處，卻感覺到了陌生和不自在。

這讓我很慌張，也很焦慮，我甚至懷疑妻子有了外心。

結果，我們吵了一架。我指責她不理解我的辛苦，她滿腔怨恨地說：「都是我不好，你找個理解你的好了。」

我不知道如何是好，這個曾經溫柔多情的女人，為何突然間說出這種絕情的話？

僵持了半天之後，還是我先投降了。我走過去撫摸她，親吻她，然後，她很動情地與我互動，就這樣我們又抱在了一起……

心理剖析

性愛是婚姻的活力素，有助於促進感情，可是女人很少願意主動認識和評價自己的性生活，她們「羞」於啟齒，不肯為性趣「加油」。很多情況下，為了顯示自己的清純，會壓抑自己，不願承認自己的性趣。

比如她說：「今夜要不要沒關係，我理解你的辛苦。」嘴上這麼說，心裡一定氾濫著酸楚之水。

就是這麼奇怪，女人與男人截然相反。男人時時刻刻都像發情的野獸，四處誇耀自己的性能力。女人總是默默地隱藏自己的性，好像怕被人偷走了一樣。哪怕已經是夫婦，她們也要對老公有所隱瞞，有所保留。這或許是出於自我保護的目的，或許是一種性策略。

但是，這種策略對男人來說，就像對牛彈琴，他們很難理解，也不知道如何應對。

結果，雙方無法達成共識，無法共用美妙的性，很容易造成無法彌補的傷害。

【見招拆招】

聽到女人的「理解之語」，男人就要想到這段時間太忙碌，忽略了她的感受。接下來你要做的，不是讓她理解你，而是彌補對她的虧欠。

對她說：「寶貝，再辛苦我也想妳。」

對她說：「放心，我很棒。」

對她說：「越是這種時候，我越想妳。」

總之，甜言蜜語是男人的必殺技，不要覺得肉麻，不要不好意思開口，儘管說好了，再老的女人也喜歡聽，再久的夫婦也需要溫情刺激。即便只有十分鐘，也可以來一次快速而刺激的性愛。事實上，不少女人讚賞急速做愛帶來的刺激，這讓她感覺到新奇和神秘。

41 「你是最完美的」

【潛臺詞】如果你能再「壞」一點，再厲害一些，那該多完美！

朋友夫婦一起出國，歸來後精神變化很大，給人神采飛揚之感。我打趣說你們這次出國是不是有什麼豔遇？怎麼這麼高興？他們神秘地笑笑，有啊！豔遇就是我們找回了從前的感覺。

丈夫私下對我講起兩人的經歷，他們在國外的田野裡，邊開車邊做愛，刺激、冒險的氣氛給他們很大的解放感。還有一次，他們模仿片中外國人的動作互相撫摸、親吻，在最狂野、放肆的過程中，達到了前所未有的感覺。

這幾乎是國內人們從沒有過的經歷，也是他們很難想像的性生活。

在中國人的夫妻關係中，女人含蓄而有奉獻精神，她很少主動要求性，而且從不輕易表達自己的真實感受。

一位自信滿滿的老公最近很受傷，因為老婆有了外遇，他實在搞不懂，多年來他們關係都很和諧，他一直認為老婆對他很滿意。再說了，老婆算得上通情達理，溫柔賢淑，為什麼經不起誘惑出了軌？

為了解答心中疑惑，也為了挽救這段感情危機，他要求老婆和他一起去看心理醫生，希望能擁有幸福的魔方，讓自己走出目前的苦惱之中。醫生詢問了他們的婚姻情況，很自然地誘導他們談到了性生活。

老公依然自信滿滿：「在一起很棒啊！每次她都說『我是最完美的』。」

老婆臉色變了，她想了想說：「是，他很完美。」

醫生問：「妳喜歡外遇的什麼？是錢財還是其他？」

老公也說：「我賺錢足夠養活她。這些年來我辛苦打拼，還不是為了她能生活更好些。」言下之意，沒想到女人忘恩負義，做出這樣的事情。

接下來，醫生又問了幾個問題，然後要求與男人單獨談談。

她跟他講了很多，她說你們婚姻的問題不在物質，不在精神，說直接明白一些在於「性」。你不要緊張，也不要沮喪，所謂的「完美」只是女人的一個幌子。俗話說女人「三十狼、四十虎」，事實上許多這個年紀的女人為了無性趣的床上生活苦惱著。很多女人抱怨，在性的激發上婚前沒有性交的性愛撫比起婚後任何時刻都要強而有力。因此她們在婚後甚為懷念婚前的激情感覺。這是一個令人無可奈何的差距。

懷念從前、將失去的東西理想化，是一般人常有的反應，它使人只記得「過去」的行為中令人難忘的部分。和現實的夫妻生活相比照時，免不了會興起「今不如昔」的感嘆，每有這種想法時，女人可能就覺得自己在婚姻中所得到的比她原先的期望少了許多。

環境的改變帶來了全新體驗。這就很好理解女人們的不滿了。油鹽充斥的現實生活和不食人間煙火、花前月下的戀愛日子，是兩個截然不同的世界。處在不一樣的環境、不相同的立足點，反應自然不一樣。所以，越比只會越不滿足，不如想辦法解決問題。

如果老公不能即時察覺到女人的性需求，沒有積極主動的反應，那麼女人出軌尋求刺激的可能性就會大大提高。

心理剖析

女人不願看到男人的尷尬，也不喜歡他靠「偏方」支持，最好的辦法就是在床上現場發揮，給予他極大的肯定和讚美，「你是最完美的」、「你比任何男人都棒」，這些讚美之語勝過任何猛藥和偏方。

幾乎每個女人都有假裝性高潮的經歷，不為別的，只為了安撫男人薄弱的自尊心，成全他的征服感。

美麗的謊言總是令人振奮，令男人抓狂，減少他的遺憾。

何況，女性的羞澀使她不好意思像女優那樣展露技巧，賣弄風騷，偏偏有時候男人再怎麼橫衝直撞，也無法使其高潮迭起，為了盡快擺脫這種尷尬，倒不如假裝高潮了，安全了事，至少不會傷了和氣。

【見招拆招】

女人超級善意的謊言，久了會成為習慣。男人如果當真的話，現代女性可不會這麼輕易買帳。

現代女性有很多性感新主張，視野也越來越寬廣，她們不只為討好男人而性感，她們追求自我感覺良好。男人必須明白，女人的性要求絕不亞於男人，掌握一些必要的性技巧是必須的，不一定非要在床上。

比如，經常變換花樣，這會讓彼此之間獲得更大的歡愉，同時讓彼此更瞭解對方的需要。達到身心合一，是性愛的最高追求。

拓展雲雨之地，不要把床做為唯一的做愛場所。許多時候，即興而起的慾望會帶來更美妙的感覺，你盡可以選擇合適的地方愛上一把。沙發、地毯……會為你帶來更神奇的性愛樂趣。

總之，不求次次完美，但求經常給予彼此新鮮和刺激，保持愛的激情，這就夠了。

42「性不是主要的，重要的是感情」

【潛臺詞】即便真的很在乎，又能怎麼樣？哪個女人願意給自己扣上「花癡」的帽子？

有位先生從國外回來後，向妻子大講在國外的觀感，活色生香的講述讓妻子聽得入了迷。講到後來，他還拿出從賓館裡帶回的畫冊，裡面全是真人照片，展現的都是各式各樣的性愛動作，這已經不足為奇，網路上也可以搜索到的。可是妻子聽不下去了，她平日裡工作比較閉塞，還保持著傳統的生活習慣。

到了晚上，夫妻倆睡到床上，男人要按照照片上的那些動作演示一番，並要妻子給予配合。妻子勉強做了，但感覺不太好，她很困惑，打電話給心理醫生，她說：「我們結婚十多年了，性生活從來都是很正經的，現在他突然這麼做，我很難接受。我認為夫妻之間性不是最主要的，重要的是感情。我不知道如何跟他說清楚？」

接聽電話的心理醫生哭笑不得。當今社會，她還讓性生活處於自我封閉狀態，真是少見多怪。不過話說回來，她對自己的性需求真的瞭解嗎？她說的感情真有如此重要還是壓抑了某種激情？

有對夫婦是我多年的朋友，他們的關係十分要好，幾十年如一日，他們說這源於對於性的理解很開放、很自然。講到感情和性的關係時，他們說，就像人體需要水和食物，哪樣也少不了。感情往往是一件美麗的外衣，性才是動人的身體。談到他們的性愛經驗時，非常自豪地說，每年他們到國外兩次，在下榻的飯店，先在沙發上聊天，不為世俗所累，只為情感而動，彼此都有很好的感覺，然後，女人開始親吻男人的耳朵、吻他臉頰，又把他緊緊地擁抱住。那一刻，男人說自己覺得真美，這種被啃噬的感覺太奇妙了。因為女人瞭解男人的感受，懂得領會他的反應，一步一步帶領他進入佳境，這才維持兩人體會到令人銷魂的境界。

網友談到他喜歡的一位女人時說，她會用手滑過我全身，在我耳邊吹氣，用她的手指穿過我的頭髮，親吻我的脖子，用她的指尖搔我，抓我的背；同時我趴著讓她躺在我的背上，在我耳邊輕語，最後用手指插入，我真的愛死了。

所有男人都喜歡女人的手碰觸他的身體，最輕微的碰觸都令他快樂無比。

可惜的是，多數女人不懂這一點。女人往往指責男人對性的要求比愛情多，她們抱怨男人好色、偷情……可是她們很少主動瞭解男人對性和愛的需求，不知道如何滿足男人。

性感之所以是性感，在於它能引發一種性的吸引力。性感在不同的女性身上會散發出不同的味道或產生異樣的效果，媚俗的性感與優雅的性感是兩個不同的層次表現。

心理剖析

有一種說法，男人是泛愛主義者，女人是專愛主義者。拜倫說：「我多麼希望全世界女人只有一張嘴，我只消一下，就能從南吻到北。」從「食色，性也」到這個情感氾濫的年代，女人說，男人對自己的好色就像律師對身為自己當事人的罪犯：明知有罪也要辯護。

談到男人好色，說得直接一點，就是「性」，沒有「性」這個角色的作用，男人和女人的交往不會持久，也不會熱烈。現實情況是，男人只有在要求「性」的時候才會有相當的耐心，而這個耐心恰是建立在那個「性」要求會得到滿足的基礎上。

這就給了人們錯覺：好色的只有男人，沒有女人。

女人不想給人好色之感，不願戴上「花癡」的帽子，會一本正經的說：「性不是最主要的，重要的是感情」，無外乎讓男人「放心，我不是放蕩女人，我很重視我們的感情，你也要像我一樣，不能隨隨便便找別的女人。」

一來，她表白了自己的純真和對男人的愛；二來，也給男人套上了枷鎖。「我們是為了感情在一起的，相處彌久，感情彌深，你可不要為了性輕易傷害我們的情。」

【見招拆招】

如果真的相信了女人的這句話，說明你做為一個男人還太嫩，嫩到分不清女人需求的真假。

儘管女人信誓旦旦指責男人的好色，認為這是他們的劣根性，可是如果沒有女人的配合，男人的性還不是一句空談？

張愛玲說：「通往女人心的道路經過陰道。」所以，不要太天真，不要太幼稚。含蓄矜持是女性的本色，即便很想要，她也不會輕易說出口，這才是事實。

最好的回答是什麼？提醒你透過身體行動證明一下，看看女人到底有沒有說謊？

你會發現，為什麼有些天天爭吵的夫妻卻彼此離不開，為什麼有些看起來很正常的夫妻忽然間分了手，感情的外衣下面，性才是最動人的主體。

Contents 06

我要生活，不要生氣
——今天埋下的地雷，明天就會引爆

女人在說「不會生氣」的時候，一定做好了「會生氣」的準備。

有些撒嬌的成分，有些利誘的色彩。

撒撒嬌，扯扯謊，說不定男人心一軟，會全盤托出自己那點秘密。

女人不動神色取得了主動權，接下來的好戲就由她導演了。

可見，有時候的謊言是溫柔的，有時候的謊言是甜蜜的，男人，最抵擋不了的就是這兩樣東西。

一個溫柔又甜蜜的女人，哪怕要了他的命，恐怕他也很開心，何況區區一句謊言，由她說吧。

女人的口是心非，深究起來，比愛因斯坦的相對論還複雜。想要又不說要，在男人的直線思維模式裡，這簡直就是一道天方夜譚式的難題。一不小心就會被繞昏了頭。

他可能真的以為女人不喜歡禮物，那就不買好了，何必吃力不討好。殊不知，這樣想的結果很危險。女人得不到禮物，就會認定你不夠愛她，也會覺得丟了面子。

43 「我做的飯菜好不好吃？說實話我不生氣」

【潛臺詞】在我看來，「好吃」是唯一的實話。只有這樣的實話，我才保證不生氣。

阿美是獨生女，從來十指不沾陽春水，婚後，公司裡的大姐好心提醒她，要抓住男人的心，先要抓住男人的胃，督促她買了幾本食譜。

阿美用心學習，無奈學了幾天，既不得要領也沒有培養出興趣，於是頹喪之極：「通往男人心的路只有胃的話，我看我是完了。」

通往男人心的通道必須是胃嗎？這一說法不是沒有道理，女人，用心為男人煮飯，是一種表達愛的方式。男人，既能享受到美味，又見證妻子多麼愛自己，一舉兩得，豈能不開心。

不少過來人都有這樣的體會，她們身體力行，在婚後會忙著買各種食譜，訓練廚藝技巧，以打造自己在男人心中和婚姻中的地位。

為了學習廚藝，新婚妻子從來都是煞費苦心的。

雖然與阿美一樣忙著學做飯做菜的女人很多，但是可以真正獲得男人心的又有幾人呢？

李玉霞與老公結婚後沒有與父母住在一起，他倆都是獨生子女，從小到大沒有做過飯菜，偶爾煮一包速食麵吃已經不錯了。現在自己過日子了，總不能糊弄下去吧！所以只好從頭開始。

李玉霞不僅買了各種食譜，還虛心地向有經驗的姐妹們學習廚藝，她信心滿滿，每日早早下班回家就開始張羅晚飯，又是炒菜又是煲湯，常常忙得滿頭大汗。

老公心疼李玉霞，見她這般忙碌更是心生愛憐。有時候勸她：「別弄這麼辛苦了，我們去爸媽那裡吃飯，好不好？」

李玉霞生氣地瞪著老公：「去什麼去，還不趕緊過來幫忙！」

看她一副學不好廚藝不甘休的樣子，老公也不敢多說什麼，乖乖在家幫忙，又是挑菜又是洗碗。

好不容易等到飯菜出鍋了，李玉霞興沖沖端上桌，一件件擺放整齊，然後直勾勾盯著老公問：「怎麼樣，好不好吃？」

老公煞有其事地吃了幾口，不是鹹了就是淡了，或者糊了、生了。二十幾年來吃慣了父母的飯菜，老婆的手藝確實難以恭維。看他一副為難樣子，李玉霞心裡直擔心，但她還是不死心，盯著老公問：「好不好吃？說實話我不生氣。」

老公敢說實話嗎？這已經不是第一次了，前幾次他說過味道不好的話，李玉霞不僅生氣了，還發誓一定要做出可口飯菜，包老公滿意。現在怎麼辦？做為老婆廚藝的唯一品嚐師，他真想辭職不幹了，再這麼品嚐下去，他非得餓到瘦了不可。

老公支支吾吾地回答：「好吃，火候比前兩次掌握得好了，還有，調味料放的也不那麼多……」

李玉霞十分認真地傾聽、記錄，看樣子她要將廚藝事業進行到底。老公心裡多苦啊！老天，為什麼這樣懲罰我？什麼時候我才能熬出頭啊！他恨不能生出一對翅膀，飛回父母身旁，想吃什麼吃什麼。

為了不繼續擔當品嚐師，現在李玉霞的老公能不回家就不回家，喊著哭著要加班，哪怕在公司餐廳裡吃個速食便飯，對他也是一件莫大幸事。

這樣的事情說起來好笑，當事人卻深感苦惱，弄不好還會影響到夫妻感情婚姻幸福。其實，女人這麼做這麼想未免有些誇張。在這個營養過剩的年代，「吃」已經不再如此重要，男人也不一定滿足於「吃貨」的定位。女人默默圍著鍋臺轉，等男人回家，然後相對無言默默吃——這種婚姻缺了生機和情趣。

很多恩愛的夫妻，不一定是「煮」出來的。看看身邊的模範夫妻，或者是玩伴，或者是書友，或者是電影迷、游戲迷、麻將死忠族，但是，卻沒有一對「女廚子+男吃貨」的搭檔惹人豔羨。那些享受婚姻的女人們在評價男人時，多數都會以炫耀的腔調這樣講：「他啊！可好養啦！一碗麵就可以打發一頓。」「能飽就不錯了，他很知足！」「不管我做什麼，他都會吃得很開心啊。」從這些言語中，沒有看出「抓男人胃」的絲毫跡象，卻讓人看到了一幅幅和諧美滿的生活圖景。

心理剖析

「煮飯」只是婚姻問題的表面現象，透過現象看本質，在這一問題上，女人想的是如何拴住老公的心，男人想的是如何吃到可口的飯菜。所以女人問男人飯菜好不好吃時，一定回加一句：「說實話，我不生氣。」

女人在說「不會生氣」的時候，一定做好了「會生氣」的準備。只是她在等男人親口說出來，以鑑定自己的想法，以達到讓男人自知理虧的目的。

男人如果說「不好吃」，她會念念不忘，要嘛發誓煮出美味佳餚；要嘛撇嘴生氣對男人說：「不好吃你來做。」

這兩種情況都不太妙。就像故事中的李玉霞，為了煮出可口飯菜，逼著老公做品菜師，聽起來是好事，可就苦了老公的肚子，虧了他的腸胃；第二種情況男人更怕，老婆罷工，別說好吃的飯菜啦，難吃的都吃不到了。

其實，這是女人不太聰明的謊言，有些撒嬌的成分，有些利誘的色彩，說到底，她都是為了生活美好而努力，別太擔心，總有一天她會煮出你喜歡的飯菜。

【見招拆招】

男人真的在乎吃什麼嗎？所謂醉翁之意不在酒，他們不在乎吃什麼，而是在乎女人是否能給他一份全心全意的愛，一個溫馨安全的家。所以，即便一個女人能煮出滿漢全席，如果她脫下圍裙就去混夜場，照樣讓男人食不知味。

幸福婚姻不一定是「煮」出來的。

男人要學會察言觀色，其實這種謊言並不難識別。通常女人的憤怒之情是很難掩飾的，為了讓男人讀懂自己，意識到所犯的錯誤，她會強調「不生氣」，眼睛轉動不停，語調缺乏變化，這一切洩露了她內心的秘密。

男人一定要時刻警惕「反話」定律，一旦女人請你品菜，說了「不生氣」幾個字，你立刻反應，不要多等，認真地品嚐，仔細地分析，可以說一些實話，比如：「鹽少放點會更好」、「色彩再淺些可能更美觀」等。

語氣要溫和，建議要輕柔，總之，讓女人感覺到你的關心、你的愛，還不能表現得太虛偽。

當然，也有男士說忍受不了女人的飯菜，那麼你就自己試試吧！與她一起探討廚藝，做飯做菜，既能增進感情，還可以培養出屬於你們自己的美味廚藝，一舉兩得。

44「如果工作真的忙，就不要管我了」

【潛臺詞】其實我認為你一點都不忙，尤其是工作不忙。不過是找藉口敷衍我罷了，別以為我不知道。

有位朋友向我抱怨自己的太太：「她現在從頭到腳都了不起，在公司事事與人爭強好勝，回家後處處與我平起平坐，家事對半分，她買菜、炒菜、洗衣、收拾屋子，我就得洗菜、做飯、洗碗、擦地板，一樣也不能少，絕對平等。就連炒股，我們家也開兩個戶頭，誰也別想摻和誰的事，真像陌生人！」

他很厭煩這種日子，很反感太太的做法。可是據我所知，他太太是個很明事理的女人，多年來一直支持他的工作和事業，當初他和同事們長年奔波在外，很多人的妻子都接受不了，紛紛把老公調回身邊，唯有她表示了理解，一個人獨自支撐家庭生活，讓老公安心在外面工作。

這份情誼難道他忘了？我不由得舊話重提，朋友聽了，意味深長地說：「是，她確實付出很多，也很支持我。常常說如果我工作忙，就不要管她。也許因為我對她照顧太少，養成了她今天這種獨立好強的性格。」

這個說法倒有些新奇。女人更多的是抱怨和牢騷，這般不依附男人的，實屬罕見。

我想起一個很感人的愛情故事：

一對男女在火車上邂逅，男人是個畫家，坐在女子的對面，他一路上畫她，當他把畫稿送給女子時，才得知兩人生活在同一城市。於是，他們開始了交往，隨後是相戀相愛，並最終走進了婚姻殿堂。

婚後的甜蜜時光令人陶醉，卻總顯短促。男人雖然沒有多少名氣，但很有藝術家派頭，不拘小節，不務俗事，不善交往，他長年累月沉迷在畫畫事業中，不停地畫呀畫，不斷地與藝術界名流人士交往。

當然，婚後的生活變得複雜實際起來，柴米油鹽，什麼事都需要打理，需要照應。這一切自然而然落到了女子的身上。她每天早起晚睡，照料家務事，還要照顧男人，比如催他按時休息、提醒他理髮、洗澡，以及參與少不了的各類應酬等等，事務瑣碎而痲煩。一開始，她還很有興趣，漸漸地，她覺得心累，不願意成為另一個人的長期保母。

男人幾乎從沒有管過家務事，也沒有替女子分擔過憂愁。有一次，女子的母親病了，她既要帶孩子還要天天往醫院跑，其辛苦可想而知。這時，她多麼希望男人走出畫室，哪怕與自己說說話，也是一種情緒發洩。可是男人很忙，正在準備畫展，每天忙忙碌碌腳不沾地。

他對妻子說：「等我忙完了，一定去醫院看望母親。」

女子好像已經麻木了，淡淡地說：「你要是真的很忙，就不要管我了。」

男人認為妻子理解自己，也就繼續忙碌自己的畫展。

等到畫展完了，岳母已經病癒出院。

女子很受傷，好長時間提不起精神打理家務，更不願照顧男人。

而男人似乎沒有察覺到這一變化，一如既往地忙著畫業，有時候還會抱怨女人：「最近家裡怎麼這麼亂？妳怎麼不幫我……」

女人含淚以對，對男人說她想搬出去住。

男人大驚失色：「為什麼？難道妳有了外心？妳不想跟我了？」

女人哭著說：「我只是想休息幾天，沒有別的。我覺得很累。」

男人徹底慌了，他搞不懂女人為何會這樣，怎麼好好的說走就走，多年來她不是一直這麼做嗎？一直很支持自己嗎？突然間怎麼累成這樣？她當真會扔下自己不管了？

心理剖析

越是溫柔的女人，越希望給人堅強的感覺。為了不成為老公的累贅，她會說：「你要是真忙，就不要管我了。」意圖顯示自己的強大與自立，無畏和無懼。可是，說這話的女人內心必定隱藏了不滿，甚至苦楚。

女人總是渴望被男人呵護，成為男人的心頭肉。如今，卻不要男人「管了」，實則傳達出一種資訊：你是要工作還是要我？

複雜而委婉的女人心，也透露出深深的反抗意味，甚至帶有威脅的成分。「如果你的工作不忙，只是敷衍我，不願管我，有你好看！」

所以，女人的這句謊言一方面給自己找了個臺階，「不必跟他生氣了，他真的很忙。」一方面頗具威懾力，「你要小心哦！我做出了犧牲，你也要隨時做好犧牲的準備。」

【見招拆招】

不管女人以何種理由說「不要管我了」的時候，都說明你對她的關注不夠，她很鬱悶，很受傷，很希望你多多關心她、關注她。如果男人不理解女人的真意，傻乎乎地真去忙自己的，而置女人於不顧，想必會自釀苦酒。

所以，她說：「你要是真忙，就不要管我了。」你應該立即回答：「寶貝，謝謝妳的理解。可是我再忙也不會不管妳，我一直惦記妳，放心不下妳。」

同時，男人還要懂得帶動女人積極參與的主動性。最好的辦法是你與她一起忙碌，那麼再忙，也不會由於忽略而受傷。

45 「跟女同事相處，有什麼心得體會」

【潛臺詞】有沒有什麼曖昧之情發生？是不是看上了哪個狐狸精？最好不要瞞著我，不然有你好看。

有一年，公司業務部新來的張靜慧異軍突起，成為最年輕、最優秀的銷售員，創下當年最佳業績。由於她年輕貌美，不免引來猜忌，很多人都在懷疑她是否利用了自己的色相，不然一個剛剛入行的女子為什麼如此成功？

很快到了季度評獎時刻，按照慣例，業績最好的銷售員要介紹自己的推銷經驗和技巧。很多人都擠到評獎現場，懷著不同的心態聽張靜慧做介紹。

張靜慧站到講臺上，眼裡閃著淚光，激動地開了口：「其實我也沒什麼經驗可說。我和大家一樣上門推銷，費勁敲開每家每戶的門，我十分賣力地介紹產品的性能和特點後，他們往往會不屑一顧。」

現場眾人聽到這裡，不由得個個滿臉困惑，這是他們都遇到過的事情，既然被拒絕了，張靜慧又是如何推銷出那麼多產品？

這時，張靜慧彷彿看透了大家的心思，繼續說：「每當這個時候，我都會以善解人意的語氣告訴這家裡的男主人，不必立刻買，可以等我下次拜訪時再做決定。奇怪的是，這時女主人往往態度積極地走過來說：『還是這次買下來吧！反正也有用。』」

這成為了推銷界典型案例之一。

有人把它當作笑話，但更多人從中體會到了不同的深意。從女主人的反應來看，她擔心漂亮的女銷售員帶來的潛在威脅，為了盡快消除這一隱患，就快速做出決定買下產品。

由於工作關係，男女接觸越來越頻繁。這時，男人、女人的另一半不免憂心忡忡。一個辦公室坐著，天長日久，有了戀情也不是不可能。柯林頓還調戲萊溫斯基，何況我們都是凡夫俗子。

可是，哪個男人會傻到主動坦誠：「我很喜歡對面的某某女子。」女人在情感問題上向來聰明多智，第一，不要讓男人覺得自己是不可救藥的醋罐子，第二，不能讓人認為自己缺乏基本為人處世的禮貌和本領。

在這些條件下還要探查老公的內心動向，實屬不易。不過，女人有女人的本事。晚飯後臨睡前，趁著老公無所事事的時候，冷不防關心一句：「聽說你們辦公室剛來了幾位女同事，怎麼樣？與她們相處還好吧！有什麼心得體會？」

貌似關心，實則冷箭暗藏。男人如果沒有足夠的防禦體系，傻乎乎地說：「很好啊，她們都很年輕很能幹，與我配合很好。」

瞧瞧吧！女人的臉色一定不好看，心想：「哼，怕是被她們迷住了吧！」

接下來，老公的日子就不會太好過，老婆隔三差五往辦公室打電話，甚至還會有好多藉口去看看，什麼「老公忘記帶傘了」、「鑰匙找不到了」等等。目的只有一個，窺測辦公室動態。

還有種情況是男人會說：「那幾個女人可不簡單，很難對付。」他說的是工作上的事，老婆聽了，卻會莫名其妙聯繫到感情上，「難道他對她有意思？不然為何說難對付呢？說不定已經有什麼曖昧舉動了。」

思來想去，都覺得老公掉進了狐狸洞，身邊圍滿了狐狸精。

為了拉老公一把，她恨不能奮不顧身衝上去，給那幾個女狐狸下馬威：「這是我老公，妳們可別想好事！」

事情就是這樣，不少女人「關心」老公的女同事，其實她關心的是自己的老公，擔心他抵擋不住誘惑，與女同事們玩曖昧。

心理剖析

女人問「與女同事相處有什麼心得體會」，貌似關心，實則冷箭暗藏，提醒老公注意與女同事之間的分寸，提醒他不要想入非非，忘了本分。

不是嗎？「心得體會」，瞧瞧這幾個字多麼巧妙，擺明了是在問男人「你是不是對女同事動了心思？」如果真是這樣，你可得小心啦！

【見招拆招】

對於女人貌似無謂的問題，男人切不可馬虎大意。

當她問你關於「女同事」的問題時，切記不要順著她的思路去回答。比如她問你有什麼心得體會，一句話：「沒注意，她們忙她們的，我做我的，互不相干。」老婆聽了，一定會笑瞇瞇，認為你果然沒有被她們吸引。

也可以說「女同事？我都忘了她們是女的，和男同事一樣，沒什麼了不起。」

記住，既不可讚揚，也不可貶低，總之對女同事一副視若無物的態度，是老婆最想看到的。

46 「你的即時通密碼是多少？告訴我沒關係」

【潛臺詞】哼，我一直懷疑你有紅顏網友，別看我不說，可是心裡有數。

食色，性也。喜歡美色是人之天性，女色尤然，男色尤然，不近色者世所罕有，連古往今來的聖賢也不例外。

只是女人更喜歡關注男人，更想知道男人是不是真的愛自己，或者是不是有了外心？這樣的結果是女人總愛盯著男人，不放過任何細微末節，生怕遺漏一絲外遇的苗頭。

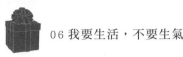

記得有一次太太突然對我說：「多虧我當初沒有上當，要不然可麻煩了。」我問她什麼事，她不好意思地講述了事情的經過。原來，前段日子，她們辦公室裡的女士都接到一張名片，上面寫著：「私家偵探，為妳分憂。」做為白領麗人，她們可算是熟諳世事，見多了「高級男人」背後的故事。看到這樣的名片，自然心有所動，其中幾人早就對老公有所懷疑，私家偵探的出現可謂及時。於是，辦公室女經理首先聯繫了私家偵探。

幾天後，女經理老公的辦公室裡出現了一個漂亮的女推銷員。女推銷員為他開出了極其

「優惠」的條件，甚至「優惠」到了身體。女經理的老公毫不遲疑地拒絕了。

回到家，女經理的老公發現她不但做了一桌子豐盛的晚餐，還春風滿面地迎接自己，與以往大有不同，不由得好奇地問：「今天是什麼日子？」

女經理得意地說：「是獎勵你忠貞的日子。」說完，還意味深長地看了他一眼。

老公細一追問，明白了事情真相。

第二天，老公就提出了離婚。

面對離婚，女經理悔恨交加，她對朋友說，愛沙尼亞有句諺語——自己拿來的樺樹條打得最痛，我總算明白這句話的含意了。

一點點醋勁會讓男人覺得妳在乎他，但是無緣無故的疑神疑鬼，卻是婚姻的殺手。婚姻是不能拿來試探和考驗的，試探說明妳對他不信任，考驗代表妳對他不尊重。

懷疑是一棵毒草。可是很多女人無法認識到這一點，她們試圖在男人的言行中尋找他另有新歡的證據，動不動偷偷檢查他行動電話裡的通話記錄和簡訊，試圖破解他的即時通密碼，千般打聽，萬般盤問。

她們問老公：「你的即時通密碼是多少？告訴我沒關係。」如果老公真的告訴了她，麻煩來了。用放大鏡來尋找灰塵，總會找到。她偷偷以老公的名義與網友聊天，將那些女網友一一「審問」、「考核」，結果，她會發現總有那麼幾個女人與老公不清不楚，他們說著曖昧的話，互相關心，甚至打情罵俏。這讓她無法接受：「為什麼？他為什麼瞞著我與其他女人來往？」前思後想，恨不能叫那個女人來個三堂會審。其實，那個遠在他方的女人大概連她老公的樣子都不知道。

女人要有心機，但是枉費心機不可取。

感情很脆弱，沒有多少男人可以禁得起真正的考驗。本來風平浪靜，一旦妳使用一些小計謀去考驗他，反而會激起千層浪，一發不可收拾。男人的出軌多半是發生在妻子監視他之後。也就是說，妻子的監視激發了他出軌的決心和鬥志。

面對不信任的妻子，哪個男人會心甘情願接受「監督」？除了氣憤、無奈，他們會想到逃離，會想到背叛。

心理剖析

做妻子的，會花費很大的心思監視老公，杜絕第三者出現。現代科技的發展給她們提出了新難題：網路普及，個人隱私空間無限放大，這時監督老公真是困難重重。

不過這難不倒多智的女人，她可以偷偷檢查老公的簡訊、破解他的密碼、去電話公司查通話記錄，總之，她就像是私人偵探不離左右，讓老公防不勝防。

實在弄不到情報怎麼辦？女人可以採取委婉戰術，貌似關心地問問：「你的即時通密碼是多少啊？沒事的，告訴我吧！」撒撒嬌，扯扯謊，說不定男人心一軟，和盤托出自己那點秘密。女人不動神色取得了主動權，接下來的好戲就由她導演了。

【見招拆招】

不想被女人控制，最好保留一絲隱密空間，比如即時通密碼，即便你無心與其他女人曖昧，但在老婆眼裡，只要與你說話的女人，都可能與你不清不楚，都是一個假想敵。

不想被無謂的糾纏牽絆，就告訴女人：「哪有什麼即時通密碼？我早忘了。」別怕她不信，說得堅定些，不容置疑。不然你的擔心有可能激發她的疑心，讓她徹夜難眠。

如果她已經知道了，也不必掩掩藏藏，告訴她對你來說，男女都是一樣的，只是聊聊天而已。

47 「我不介意你看別的女人」

【潛臺詞】如果你也不介意我看別的男人，說不定我說的是實話。

上個月，公司舉辦外出旅遊，特別許可帶家屬一起去。建東新婚不久，自然帶了妻子小文。在旅行中，小文發現團隊中的一個女人總是有意無意的盯著自己看，並且還盯著老公。特別是當老公扶著她走山路，或者是休息時，老公從包包裡拿出各式各樣的食物遞給她的瞬間，那個女人都是滿臉煩悶，一副不高興的神情。大家都興高采烈的出來旅遊，這個女人為什麼會這樣？她為了解開謎團，趁老公不在身邊，叫那女人一起過來吃水果，可是對方好像沒聽見，不予理睬。

莫非她跟老公之間有什麼曖昧關係？小文偷偷責問老公。老公莫名其妙：「她高興也好，不高興也好，跟我有什麼關係？妳簡直是無理取鬧！」

被老公這番搶白，還是頭一遭，小文受不了，怒氣沖沖地說：「我一定要查個水落石出！」

回去後，她還不消氣，建東沒辦法，又是哄又是勸，可是她固執地要建東說實話，是不是跟那個女人真的有曖昧？

建東哭笑不得，卻又解釋不清。

一次，建東跟同事家華喝酒時聊起這件事，感慨說：「女人真麻煩。」

家華立刻附和說：「太對了，女人就是無事生非。」

接著，他講了自家的故事：

家華和妻子結婚快三年了，一直處得好好的。妻子是個通情達理的女人，向來都很支持他、關心他，從不懷疑他。

有一天，兩人逛街買東西，走累了，家華坐在商場的凳子上休息。妻子還沒逛夠，家華說：「我在這等妳。」妻子倒也沒有纏他，一個人走了。

家華坐了一會兒覺得無聊，隨手掏出一份報紙來看。這時，商場裡人頭鑽動，紅男綠女，嘈雜異常，哪裡看得下去。

這時，一個年輕漂亮的女孩子從眼前走過，家華精神為之一振，不由自主抬起頭，眼光隨著她遠去。

原本的無心之舉，沒想到恰好妻子回來，目睹了他盯著女孩子看的全過程。等家華回過神來看到妻子，除了滿臉尷尬，就等著妻子發火。可是出乎意料，妻子沒有慍色，只輕描淡寫說了一句：「我不介意你看別的女人」，然後收拾包裹匆匆離去。

家華哪敢怠慢，追上妻子又是表白又是搶著替她拿東西，可是一切無濟於事，妻子什麼也不聽，一臉平靜的神色讓他不知所措。

之後，當然是妻子長時間冷戰。這不，借酒澆愁：「你說說，不就是多看了一眼女人嘛，她說了不介意，卻又這般難為人，真搞不懂她！」

是啊！妳要真的不介意，就全當什麼都沒發生。妳要放不下，就發發火吵幾句，這樣不冷不熱的，還真磨人。

生活中，許多女人懷疑老公有外遇，她們的根據就是一封簡訊、一個眼神、一個動作。男人們也許覺得可笑可氣，但她們就是如此認真。

心理剖析

說不介意的時候，女人一定十分介意了，這是「反話定律」在發揮作用。

女人向來眼裡容不進沙子，你盯著一個女人看，她一定是怒從心頭起惡向膽邊生，認為你拈花惹草、風流成性。她恨不能有隔山打牛的功力，給那個潛在的情敵一個劈空掌；或者用吸星大法牢牢控制你的眼神，讓你的眼裡除了她再無別人。

可是，當眾翻臉給你難堪，傷了和氣也傷了情感，這不是她想要的，她不僅給你留面子，更想給自己留面子，於是乎，言不由衷的謊言脫口而出：「我不介意你看別的女人」。言下之意，你儘管看，我有的是時間和辦法收拾你。

說不定哪天，她會當著你的面毫無顧忌掃描每個從眼前走過的帥哥，看看你是真聽懂了她的話，還是假裝糊塗？

【見招拆招】

別再猶豫了，看了就看了，沒什麼好解釋的，不管老婆怎麼說，趕緊認錯，說一堆愛美之心人皆有之的言詞，讓老婆相信，她是你心中最美的、最好的、最偉大的。

可以開玩笑說：「儘管世界上有幾十億女人，可是我比較了這麼多，誰也比不上妳。」也可以告訴她：「我看她穿那件衣服，真是難看死了。」用顧左右而言他之法，引導老婆去關注衣服，而不是人。

總之，女人心有千千結，男人要做的是盡量幫她解開一個個心結，而不是為她增添心結。

48 「給我講講你以前的女友，我保證不生氣」

【潛臺詞】又一次說不生氣了，注意，我是女人，女人喜歡說反話哦！

李芳伶和老公是大學同學，畢業就結婚了。兩年後，寶寶出生，生活比兩人世界更加忙碌，也多了很多笑聲。

最近他們買了一間新房子，搬家收拾東西的時候，李芳伶翻出來一本發黃的日記，打開一看，上面所記錄的是老公讀高中時愛上了一位女同學。

這讓李芳伶的心裡難以平靜，雖然老公告訴她，那都是很多年前的事情了，如今早沒了聯繫，但是這事卻在李芳伶心裡紮了根。從那以後，只要想起來她就會追問：「給我講講你前女友的事，我保證不生氣。」

一開始，老公信以為真，繪聲繪影地給她講述與前女友的相識相戀，以及分手的種種細節。男人都愛吹噓，他也不例外，為了顯示自己當年的風采迷人，還不忘添油加醋一些動人情節。李芳伶聽了，有時候不說什麼，但好幾天都不自在；有時候累了或者情緒不好，會當即諷刺：

「又想你那個初戀了吧！」

漸漸地，夫妻之間的關係不似從前那般寬容與恩愛，缺少了一些坦然與隨意，取而代之的是不停地爭吵。

李芳伶的老公很後悔，覺得不該跟她講以前的事，從此提到前女友他三緘其口，再也不傻乎乎地亂說。可是這樣一來李芳伶更不高興了，說：「看來你心裡真在乎她，現在都不敢提了。」

老公真是很生氣：「我在乎她什麼？妳這不是無事生非嗎？」

李芳伶更生氣：「我怎麼無事生非啦？你做過的事，連說都不能說嗎？我看你就是心虛！」

老公無語，如此爭論下去只有彼此受傷，毫無意義。

李芳伶像是著魔了，老公不說話她以為他理虧，心裡更不是滋味，更想對往事一探究竟。

有一次，老公喝多了，休息時，不知不覺兩人又聊到前女友的事。老公深有感悟地說：「老婆，別再說那件事了好不好？」李芳伶說：「你不要怕，我只是想搞清楚你對她還有沒有想法？」老公哭笑不得：「有什麼想法？多年不再聯繫了，我倆都結婚有了孩子，還能有什麼想法？說不定我見到她都認不出了。」

李芳伶想了想說：「你也太無情了吧！當初跟人家海誓山盟的，現在說不認識人家啦！真有一天我們離了，你是不是也不認識我？」

老公很無奈，趁著酒勁說：「妳亂扯什麼？妳能跟她比嗎？越說越不像話！」

李芳伶覺得委屈，指著老公罵道：「你就是不知好歹。」然後摔門而出。丟下老公一個人在沙發上睡了半夜。

李芳伶的老公現在非常苦惱，一段過往的初戀惹來這麼大麻煩，是他從未曾想到的事。可是老婆盯著這件事不放，他該如何是好？總不至於為了一段逝去的感情傷害如今的婚姻，他真想給老婆一杯「忘情水」，忘掉前女友的事，與自己踏踏實實過好後半生。

心理剖析

女人具有八卦的天分，她不僅八卦別人的，還喜歡八卦自己老公。所以有人說，女人適合編電視劇，一集又一集，肯定比韓劇還有看頭。

這就是女人盯著老公前女友不放的一大原因。那樣的青春年華，一定有著不一樣的風情、別有故事。只可惜，自己不是女主角。

同時，老公有過過去會不會也有將來，吸引他的是什麼女子，他要是出軌怎麼辦？這又是女人的一大擔心。

另外，探究老公的內心世界，是女人一生的理想和奮鬥目標，前女友無疑是個重大突破口。

從此入手，一定會有所斬獲。

女人抓住了男人的虛榮心，躺在他的懷裡撒嬌「講講你前女友吧！我不會生氣。」男人有幾個經得起這樣的溫柔，瞬間瓦解了所有防線，抱著老婆一吐為快。他說的是快樂的感受，老婆聽了卻是醋意大發：「原來你真的愛過別的女人，原來你這麼不負責任，原來你欺騙了我！」

【見招拆招】

男人在敏感話題上一定要堅守陣地，千萬不能自亂陣腳。

不管與前女友的感情如何，都不要在現任老婆面前提及，最好的辦法就是裝傻：「我忘了，還有那麼回事嗎？」「那個人啊！印象不太深了。」「一段年輕無知的好感，值得妳大驚小怪嗎？」「不過是年輕時的一種好感罷了，談不上感情，更不能算是戀愛。」

總之，要讓女人相信你在遇到她之前從沒有過真愛，那些過去的情誼要嘛是過眼雲煙，要嘛只是單純的友情。

當然，男人最好不要自作多情，留下與前女友的什麼信件、信物，這些東西一旦成了老婆手裡的把柄，對你絕對不利。

49 「都老夫老妻了，還要什麼情人節禮物」

【潛臺詞】如果你真的覺得我老了，不值得為我買禮物了，我也沒什麼好說的。

真是奇怪，中國人也過起了西方情人節，辦公室的年輕男女格外興奮，或者收到鮮花，或者送出禮物，好像感情倍增了一般。受其蠱惑，我給老婆打了通電話：「過節了，想要什麼？我送給妳。」老婆一頭霧水：「過節？什麼節？」我說：「情人節啊！妳沒看到大街小巷很多賣玫瑰的嗎？」老婆笑了：「你還真浪漫。」我說：「說吧！想要什麼？」老婆停頓片刻，回答道：「都老夫老妻了，還要什麼情人節禮物，還是不用買了。」說完，她掛斷了電話。

不要禮物，這不是老婆第一次說了，記得去年她生日的時候，我想送給她一套化妝品，她拒絕了，說的好像也是這句話。當時我想我不太瞭解化妝品行情，買了萬一不合適，只會浪費，還不如來點實惠的，就請老婆、孩子吃了一頓大餐。

我自以為做得很好，老婆一定滿意，沒想到事後不久，老婆偶然間對我說：「笑笑的老公真是知道疼人，隔三差五給她買禮物。」我不以為然，與其給老婆買點禮物獻殷勤，還不如多賺點錢給老婆。

老婆不同意這種觀點，與我理論了起來。我感覺莫名其妙，為了別人家的事吵架，這不是吃飽了撐著嗎？那天恰好喝了酒，脾氣陡增，老婆又不肯相讓，結果最後我們像兩隻疲憊的老虎一樣，躺在床上喘著粗氣互不理睬。

窗外，月夜溫柔，和我們冷漠的態度正好成反比，我的心中也湧動著一種濃濃的傷感。此刻我多想像月亮那樣，把漫身的清輝灑向她，拂掉我們的不快，甜甜入夢。但我沒有這麼做，我等待著。

果然，老婆妥協了，她推醒我，輕聲細語：「喂，你可不可以給我一點溫柔？很少很少的一點就可以了。」我在黑暗中睜開惺忪的醉眼，故意用嚴肅的口氣生硬地說：「什麼叫溫柔？我不懂！妳教教我好不好？」我的話令她大失所望，把她在這個美麗月夜殘留的最後一絲浪漫敲打得七零八落。

第二天，我對老婆大獻殷勤。老婆委屈不已：「為何你昨夜連一點溫柔都不肯給我？」我笑著說：「故意氣妳的！」老婆嬌嗔著鑽入我的懷裡。

雖然我與老婆和解了，可是關於禮物的問題在我腦海裡留下了印象。此時，再次聽到老婆說：「都老夫老妻了，還要什麼情人節禮物」，我心裡很警覺，怎麼想都覺得不對，於是下班的路上給她買了一束「藍色妖姬」。藍色的玫瑰花，點綴著金色粉末，高貴、典雅，不失清高與獨特。這應該是老婆喜愛的，代表了她的心性和形象。

回到家，老婆正在廚房做飯，我輕手輕腳走過去，向她捧出了「藍色妖姬」。老婆一臉驚喜，兩眼發光，她停下手裡的工作，抱著玫瑰花衝進臥室。我想，她一定早就準備了花瓶，但願這捧「藍色妖姬」在她呵護下長久鮮豔亮麗。

心理剖析

不要禮物，是女人典型的口是心非式謊言，深究起來，這比愛因斯坦的相對論還複雜。

女人是感性的、敏感的，她總是考驗男人，其中男人買禮物的態度，是她們常用的考驗方式之一。在一些特別日子，女人希望男人送給自己禮物，來表達對自己的愛。

可是女人又是虛榮的，她不會直接開口要，而且還要假裝推辭「我不要，不喜歡」。

想要又不說要，在男人的直線思維模式裡，這簡直就是一道天方夜譚式的難題。一不小心就會被繞昏了頭。他可能真的以為女人不喜歡，那就不買好了，何必吃力不討好。殊不知，這樣想的結果很危險。女人得不到禮物，就會認定你不夠愛她，也會覺得丟了面子。兩者相加，她恨死你了。

【見招拆招】

謹記女人的反話定律，說「不要」一定是希望你給她買，還要心甘情願給她買。

千萬不要不識趣，直來直去地說：「那就不買了。」

想要討好女人，禮物千萬少不了，即使她口口聲聲不想要。你買了，送了，她一定會樂開懷。

還有，為了表達深意，最好不要徵求女人的意見，因為多數時候女人都會說「不想要，不喜歡」之類的話，哪怕是已婚多年的夫婦，她也會客氣得很。

男人要記住，只要你覺得有必要買，只管買好了。禮多人不怪，這在婚姻關係中同樣適用。

50 「不買了，太貴了」

【潛臺詞】真希望你說「親愛的，再貴我也買給妳，只要妳喜歡」。可惜……

與「不要禮物」相輔相成，女人的另一句口頭禪是：「不買了，太貴了」。這句話比「不要禮物」的謊言指數略低。只不過，有些男人就是看不懂這句話的背後含意，還信以為真地奉為「懿旨」：「她說不買的，她嫌太貴呢！」對不起，請你清醒點，她為什麼嫌貴？因為你的收入低，「貴」是相對而言的，如果你是年入千萬的大富翁，看看她還嫌不嫌貴？

幾年前，經常與公司的經理一起出差。經理是出了名的「妻管嚴」，對老婆向來言聽計從，俯首貼耳的。出門在外，他一天三次往家打電話，早請示晚彙報，擔心哪裡做的不好惹老婆生氣。

還別說，經理也許怕老婆怕慣了，聽話聽順耳了，有一次我們路過桃園，幾個人都想挑幾樣紀念品帶回去。在挑選過程中，經理不忘打電話請示老婆：「親愛的，這裡的名產很多啊！給妳帶幾樣回去吧！」他打算一一彙報這些產品的名稱，卻不料老婆那頭一聲斷喝：「買什麼買，你嫌錢多啊！」

經理當即偃旗息鼓，再也不提買紀念品的事，兩手空空跟著我們回去了。

在機場，家屬們排隊等候我們下飛機。當眾人大包小包把禮物送給家屬時，經理的老婆接過去的只是老公的筆記型電腦包，她當即變了臉色，還好隱忍著沒有發作。

我們走出機場坐上了公司的接駁車，車上，同行的李文廣拿出帶回的禮物說：「這是送給岳父的，上了年紀的人，特別喜歡這些東西。」他手裡是一種特產竹製品，像是夏天乘涼用的。他還拿出送給老婆的，送給孩子的，不下五、六種禮物。

看他興高采烈地展示，經理老婆的臉色一直不自然，也是，眾人皆有我獨無，這種感覺應該不好受吧！

第二天，經理沒有上班，他打電話請假說去醫院看病。昨天還好好的，今天怎麼病了？後來才得知，由於他過於聽從老婆安排，沒有帶回來禮物，老婆雷霆震怒，夜裡大打出手，抓傷了他的臉。

這可真是大笑話。多虧經理身經百戰，練就了一身能屈能伸的本事，沒把這次「屈辱」放在心上，回到公司面對眾人質疑的眼神，他半開玩笑半認真地說：「你說李文廣這傢伙，他給岳父母買東西裝好人，非要在我老婆面前炫耀，這不是陷我於不仁不義的境地嗎？」

原來，他看老婆不高興，就怯生生自我辯解：「老婆大人，妳說不買，所以我什麼禮物也沒帶回來，妳不會生氣吧？」

經理的老婆本來一肚子不痛快，聽了這話簡直就是引爆器，她呵斥道：「我不叫你給我買，怕你買貴了。可是你出一趟門，就不知道給老人家帶回點禮物！」

經理有口難辯，又不甘心乖乖認錯，還一個勁地辯解，無非是說紀念品太貴，買了不合適等等，當然也強調了這也是老婆當初的指示。

經理的老婆氣得發瘋，又不好說什麼，誰叫自己說過那樣的話呢？這可真是賠錢賺吆喝，受氣不討好。一怒之下，遂對經理老公出手相向，一起「故意傷害事故」就此發生。

經理雖說脾氣好，遷就老婆，可是這樣的事情一再發生，他又不是神仙，哪能持續忍耐下去。背人處他也少不了唉聲嘆氣，你說說這樣的老婆究竟該如何相處下去？

心理剖析

女人對男人說「太貴不買」，絕不是單純針對價格，也絕不是一句理性而客觀的陳述。在她內心深處，或者是老公不太富裕，無法為她消費這麼貴重的禮物；或者她不想給人太俗氣太物質的印象，想買又不好說；或者只是一種客氣的說法，向男人傳遞一種訊息：我很會過日子，從不奢侈浪費。

總之，女人說這句話絕不簡單，絕不是真的不想買，她想告訴男人，其實我很喜歡這件禮物，如果你給我買下來，我會很開心。不過我可不會逼迫你哦！你錢花光了不能找我算帳！

女人的心思，只不過是讓自己看起來更完美，更值得愛和尊重，掩藏一些不太可愛的本質。這樣的謊言，往往無關痛癢，也就不必計較太多。

【見招拆招】

女人第一次說「太貴不買」的話，你當真了，也沒什麼。可是如果一次、兩次甚至多次這麼說，你就要注意了，這個女人是不是從心裡瞧不起你，認為你太小氣？

所以，男人一定要記住，在她說出「太貴不買」的話後，一定要清醒地意識到趕緊掏腰包了，縱然你的錢包太扁，也要表現出一副豪擲千金的姿態。

即便你真的買貴了，她或許抱怨你幾句，但心裡還是充滿了感動與愛意。

51 「我沒有化妝……」

【潛臺詞】你看我漂亮嗎？如果漂亮，為什麼還不恭維我幾句？

這是一封300年前的信件，是一位英國人寫的，內容大致如下：

我想和妻子離婚，不要怪我太無情，我曾經那麼喜歡她，喜愛她的一切，光潔的前額、臉頰，還有胳膊，她那閃爍著金色光芒的頭髮令我著迷。可是今天我無比驚訝地發現它們全是假的，是裝飾的結果。由於裝飾造成的危害，她的皮膚已經黯淡無光，早上起床後，她那蒼老的容顏讓我覺得昨夜與我同床的是她母親！先生們，我應該有充足的理由與她分手！

看來，謊言古已有之，女人為了愛美不惜任何代價。

由此推斷，化妝就是一種無聲的謊言。

哪個女人不愛化妝，可是哪個女人會坦言自己的美是「做」出來的。

奇怪的是，女人都願給人「天生麗質」的印象，而不會大張旗鼓宣揚「人造」美。她們希望男人說「妳真是漂亮」，而不是說「妳妝化得真棒」。她不想讓男人看到自己的真面目，卻想著如何叫男人愛上自己，這是一道難題。每個人都希望透過臉部表情判斷對方的喜怒哀樂，如今那個男人與妳相處許久，還不知道妳到底長什麼樣子，他怎敢輕言信任與喜歡？

為了美而撒謊，看起來是善意的，是小謊，無礙大局。可是男人聽多了，看多了，未免心煩，未免討厭。

記住，男人的討厭是真的，一旦心生厭倦，再想拉回來就很難。

所以，聰明的女人可以化妝，也可以假裝說「我沒有化妝」，可是一定記得不能太過分。

想起當年與太太戀愛時，發現她是單眼皮，煞是可愛、乖巧，不由得為之迷醉，可是她不喜歡。有一天，她打來電話：「我在醫院，割了雙眼皮。」無語之餘，少不了許多擔心。前幾天陪她爬山，不小心一雙芊芊玉手被路邊野草劃破了，很小的傷口，隱隱透著血跡，我還沒來得及張口安慰，剎那間就見她梨花帶雨。如今，一雙無辜的眼皮突遭刀割針刺之痛，那還不淚流成河！我情不自禁、心疼地追問一句：「痛不痛？」沒想到答案讓我感覺自己彷彿來自火星，就聽她高興地說：「一點都不疼。」語調之中透露出許多自信，許多快樂，許多美好的憧憬。

這句話讓我放心，更讓我不安，硬生生地幾刀下去，哪會一點都不痛？如果照她說的，我完全可以置之不理，不用想著什麼「單眼皮」、「雙眼皮」這些複雜的問題。可是擺明了如果我不聞不問，肯定會被冠以「不再愛她」的罪名。女友動了「手術」，我也沒有什麼表示，豈不是自尋死路。

其實，面對愛情，一句簡單的「一點都不痛」，與為了一點小傷哭哭啼啼，都是女人的「偽裝」。「偽裝」是男人、女人間的流行式，男人通常偽裝堅強，女人通常會假裝嬌弱。婚前，男人、女人偽裝的謊言，大多不是為了騙，而是由於心虛——擔心自己的競爭力不夠。為了多幾分競爭力，「裝」是必須的，「謊」是要撒的。

婚後，男人、女人還會繼續裝，多數也不是為了騙，而是為了證明自己是被騙。

可見，男人、女人的謊言，多是為了給真相「化妝」，無需質變，只需稍稍掩蓋一下。這是聰明的偽裝，是20％的謊言。「懶起畫蛾眉，弄妝梳洗遲」，睡了一夜，男人能不清楚妳的容貌，還要大費周折打扮一番，為的是人前榮光，更因為要向情人傳達一種女性的嬌弱與美好。這樣的女子，這樣的情致，這樣的讓人不忍釋懷。

心理剖析

關於化妝的謊言，女人通常會把握好「度」，20％的謊言，不是更多，也不是更少。多了，就是騙子，令人望而卻步；少了，太顯直接明白，一眼望到底，引不起探究的慾望與興趣。

生活中總有些女人把持不住，妝化得過分，讓男人看不清真面目，還要假裝清純，「哎呀，我從不化妝，我怕傷害皮膚」。太過了，就是一種愚蠢，男人只會不屑一顧。

總有些男人眼力不夠好，心不夠沉穩，認識不清20％謊言的妙處，會武斷地做出評判：「這個女人太虛偽，莫名其妙！」殊不知，女人在你面前「裝」，說明她盯上了你，說明她在乎你！即便是老夫老妻，女人也難免掩飾之心，為的依然是讓你愛她，讓你感覺她的美。

【見招拆招】

幾乎沒有男人干涉女人的化妝問題，但女人卻總喜歡跟男人說這些事。對此，男人應該從心底明白，她是在向你表示自己的美，自己的愛。不必太計較，也不必太在意，只要對她說：「妳很漂亮，化不化妝都一樣可愛」，瞧瞧吧！她聽了肯定受用。

女人想，男人是要騙的，如果我老了、醜了，他一定不喜歡；男人想，女人是要哄的，只要她開心，把自己打扮成十八歲少女又如何。只是，這些「騙」與「哄」不能失了分寸。

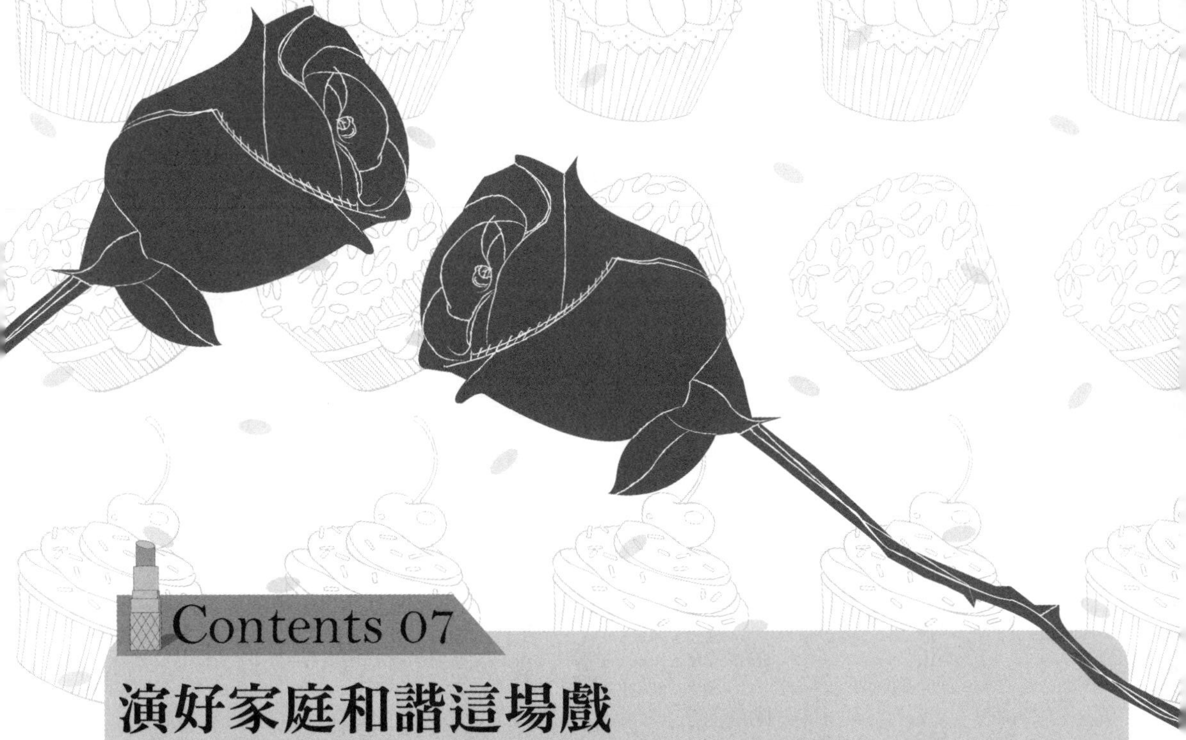

Contents 07

演好家庭和諧這場戲
——挖個坑，讓男人跳

「親愛的，別擔心」，這句話絕對是女人謊言中超一流的。

男人聽了，無不為之動容。哪怕女人什麼都不做，只要這句話就足夠了。

可見，有些謊言不但好聽，還真有用處。

所以，聰明女人要明白這一點：男人貌似強大，實則內心脆弱。

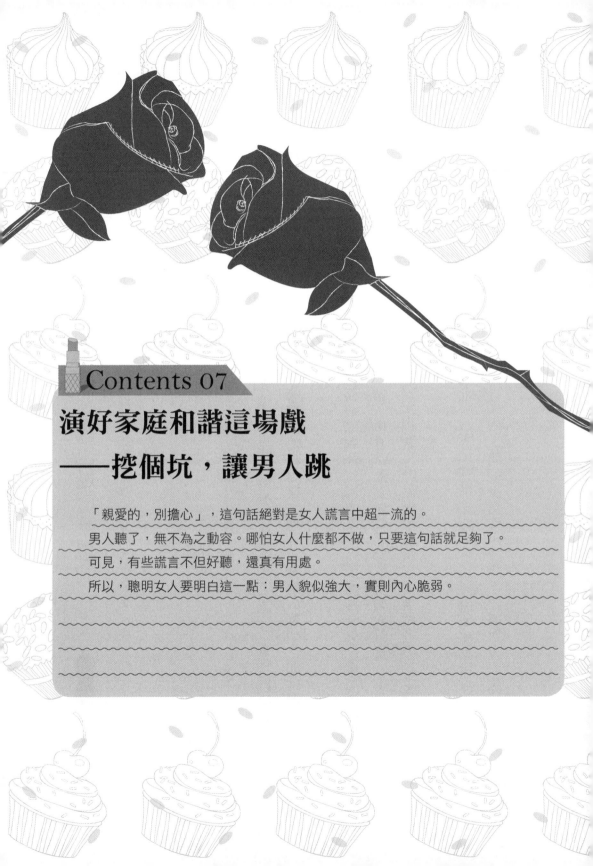

52 「父母可以放在第一位，我也是這麼想的」

【潛臺詞】既然你這麼想，我何苦與你作對，隨便吧，反正只要家庭大權在我手裡就行！

一位女星在電視節目中說：「初為人媳時不明白婆婆為什麼那麼嘮叨，直到自己有了兒子，才理解了婆婆的心情。以後無論有什麼想法都和婆婆溝通，漸漸地，婆媳之間就再也沒有隔閡了。」

家庭關係中最為棘手的就是兒媳婦與公婆的關係，兩者之間「最麻辣」的又屬婆媳關係，常常聽到婆婆們抱怨兒媳婦不懂事、不孝順，也常常聽到兒媳婦怨恨婆婆太苛責、不疼人。她們之間往往呈現「冰火兩重天」的境地，互不相讓，鬥得兩敗俱傷。更讓做老公、當兒子的夾在中間，左右為難，裡外不是人。

雖是一家人，可是兒媳婦和婆婆來自不同的文化背景，性格、生活習慣等都存在很大差異，要想讓她們很快適應對方，確實不易。而且她們之間很少交流，彼此不知道對方在想什麼。大多數情況下，只有彼此要求，沒有彼此溝通。這樣的兩個人生活在一起，不出現矛盾才是怪事。

我有一個關係不錯的朋友叫陳志和，娶了個性情溫順的老婆。結婚沒幾年，他就去大陸經商了，每年很少回家，大部分時間夫妻都是兩地分居。

由於個性都很內向，不善言談，他老婆總覺得他不在乎自己，常常找一些理由與他吵架。有時候在氣頭上也說過離婚的話，不過她從沒當真，只是賭氣。陳志和沉默慣了，在老婆面前一直保持沉默。

都說沉默是金，可是在家庭關係中沉默意味著冷淡，冷淡是婚姻的最大殺手。兩個人連吵架都懶得吵了，還有什麼好過的。

陳志和的老婆看起來老實，內心卻很強硬，多年來與公婆的關係都不和睦。陳志和在國外，他老婆幾乎沒有去看望過公婆。

隨著時間推移，陳志和給老婆打電話的次數越來越少，大多數時候都是老婆主動打給他。看來，他老婆還是很在乎他，很怕失去他。

可是兩人在電話中的聊天內容很少，陳志和通常只是問問：「家裡沒什麼事吧？」或者：「爸媽和孩子現在怎麼樣？」

他老婆倒是個聰明人，意識到這些年對婆家人的態度太差，傷了老公的心。一直以來，她只知道關心自己的感受，卻從沒有想到老公的心情。

於是，她採取了主動，提著大包小包的禮物去看望公婆，還邀請婆婆到家裡住。婆婆受寵若驚，不想打擾她，說年紀大了，不願住樓房，還挽留她和孩子在鄉下住了一段日子。

在婆婆家生活的幾天裡，朋友多次給老婆打電話，顯然他沒有料到老婆這一招，又是驚喜又是擔憂。還好，他老婆表現很自然，還對他講：「看到爸媽那麼大年紀了還自己操勞，我很內疚。你以前多次說要把父母放在第一位，現在我也這麼想。」

這幾年陳志和一直很苦惱，由於兩地分居，加上家庭矛盾，他時時想到分手問題。只不過考慮到孩子還小，他實在難以開口。如今，老婆率先認錯，並努力改之，還有什麼好怨恨的呢？

心理剖析

雖然現代生活追求個性獨立，但傳統文化的精髓還是不能丟。中國人崇尚孝道，如果一個女人懂得把與公婆相處交流的時間列入自己的日程之中，當作自己的工作，會逐漸發現，這是一份很美的差事，「回報」超過以往的任何投資，超出她的想像。

「父母應該放在第一位」，是中國男人美好的願望，他們不見得能做到，卻很想老婆幫他們實現這一理想，所以，當老婆說「我也這麼想」時，他一定感激到了極點，幸福到了極點。

【見招拆招】

遇到一位孝順自己父母的女人，男人真是三生有幸。

當然，女人說的不一定能做到，但你又做到了多少呢？

所以，只要她肯認可你的觀點，尊敬你的父母，你就該心存感激。

當她贊同把父母放在第一位時，千萬不可真的這麼理解，你要清楚，你們才是家庭生活的主導。把父母放在第一位，指的是孝敬他們、尊重他們，而不是要他們主導你們的生活。

孝敬父母，但更要心疼老婆，給她充分的家庭大權，這才是現代好男人的標準形象。很累，但很開心，只要你協調好了父母與老婆的關係，一切都OK。

53 「親愛的，別擔心」

【潛臺詞】其實我心裡也沒底，但有什麼辦法？只好硬撐下去罷了。

親朋好友相聚，很多人都說太太有旺夫命，還煞有其事地分析她的面相，從額頭到鼻子，到下巴，好像真有那麼回事。對此，太太總是笑笑不語，她心裡明白，我的事業與她的面相無關，但與她的鼓勵密不可分。

2008年，我苦心經營的公司被其他公司併吞，事業一度陷入危機。事業失敗，經濟面臨危機，太太會怎麼做呢？她沒有責怪我，反而說：「你不是一直想回到留學過的地方拜訪老友嗎？現在正是機會。」

我一臉苦笑，是機會，可是事業怎麼辦？生活怎麼辦？

太太取出自己的首飾說：「親愛的，別擔心。我們的錢財雖然不多，可是足夠我們生活所需了。這些年忙於事業，你很少有機會放鬆自己，我相信這次外出旅遊，對你的身心都大有好處。」

反正也是無事可做，我聽從妻子的建議，一個人踏上去異國的飛機。在異國他鄉，我旅遊了很多地方，拜訪了一些老友，從他們那裡得到了支援與慰藉，也尋找到了新的事業機會。

就這樣，我進到一家跨國公司工作，擔任重要部門主管。直到今天，我們公司一直是同行業佼佼者。

我曾經問過太太：「我破產時妳那麼坦然，難道真的一點也不擔心？」

太太長長地嘆口氣：「有什麼辦法？誰叫我是你老婆呢？」

我從內心感激太太的付出和大度。

有一段時間，我大部分時間跟隨老闆在外做房產生意，由於工作原因，接觸到很多年輕漂亮的女性。很快，關於我和一名女孩的緋聞傳得滿城風雨。我倒不在乎這些傳聞，男人嘛，緋聞就像是調味劑，少了反而寡淡。可是我還是擔心太太聽了會生氣。老公的緋聞對女人來說，或多或少都是打擊，有些女人眼裡容不進沙子，會把緋聞當成事實，非搞個一清二楚不可，不惜操心費力地搞垮老公，搞砸家庭。這是男人最不願看到的，我雖然瞭解太太的心性，知道她是通情達理之人，可是這種事情還是第一次發生，再說了身為女人，能否在這種事上保持理智清醒呢？

我忐忑不安，擔心太太將我「召回」家中，害得我苦心經營的事業一敗塗地。

然而，太太那邊一直很平靜，除了日常詢問，她從沒有提到這方面的問題。有幾次，我聽朋友說太太知道我的緋聞了，可是她始終沒有表態。這倒讓我很感意外，一年時光就在惴惴不安之中度過了。

年末，休假時我和太太單獨出去吃飯，不知怎麼的觸及緋聞的事，我忍不住道出了心中疑惑：「我聽朋友說妳知道了那件事，妳為什麼沒有責問我？」

太太不動聲色地用刀叉切著牛排，然後笑了：「生活很枯燥，加點調味品不是更有趣嗎？」

我大驚且喜：「沒想到妳有這麼高深的道行，服了服了。」

其實，太太乍聽緋聞時，也很傷心、焦急。經過思索，她發現擺在面前的有兩條路，一是與我攤牌，將事情查個水落石出；二是裝作什麼都不知道，一如既往地過日子。痛定思痛，她選擇了後者。

我坦誠地告訴她，雖然我和那個女孩子彼此喜歡，卻什麼也沒有發生，只是人們喜歡猜測議論罷了。太太說，我明白，所謂緋聞，很多時候就是子虛烏有的。

心理剖析

女人要是強大起來，真是天下無敵。她們能夠承擔的風雨和災難，遠遠超越男人的想像。所以，很多困難都是女人克服的，很多不幸都是女人隱忍的。

「親愛的，別擔心」，絕對是女人謊言中超一流的謊言，她在告訴老公，沒什麼大不了的，不是還有我嗎？沒什麼可怕的，我會為你分憂解愁。

男人聽了，無不為之動容。哪怕女人什麼都不做，只要這句話就足夠了。

這句話讓男人安心，給男人慰藉，讓男人產生無窮力量。

可見，有些謊言不但好聽，還真有用處。

【見招拆招】

女人的豪言，男人一定要心知肚明，她不過是給你一種勸慰，而不是真的想為你解決難題。

說實話，你的困境也不是那麼容易可以解決的，所以，寄望於女人的，除了寬慰之外，別求太多。

一般來說，能夠在困難面前給你安慰，這樣的女人已不多見。

所以，聽到女人說「親愛的，別擔心」，男人不是真的可以放寬心，而是要奮發努力，爭取早一天擺脫困境，讓女人不再跟著你「擔心」。

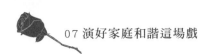

54「我不介意你去夜店」

【潛臺詞】我想看看你是不是真敢去？

表弟李明航娶了美麗的王芳蓉為妻，人人都很羨慕，認為他們是難得的佳偶天成。王芳蓉不僅長得漂亮，也有才能，工作很出色，這樣的女人往往自視甚高，即便丈夫貌若潘安，才比唐伯虎，她心裡無比喜愛，卻也總是裝出一副不太關切的樣子。

有一段時間，李明航常常陪著老闆外出應酬，很快流言蜚語傳到王芳蓉的耳中。「那個老闆可風流了，一定帶著妳老公去那種不三不四的地方啦！」「我看見他們經常去夜店，妳可得小心啦！」「現在社會找個女人還不容易？何況你老公這樣年輕瀟灑的！」

聽人們的議論，老公在外面風流快活已是板上釘釘的事，不容半點質疑。王芳蓉嘴上沒說什麼，心裡可是彆扭極了。以她的心性，當面與老公對質吵鬧，或者偷偷追蹤調查都是不可能的，但是不管不問她又不放心，怎麼辦好呢？

這天晚飯後，她等了許久，老公終於按響了門鈴。開門的剎那，李明航一身酒氣撲面而來，王芳蓉很生氣，抑制不住怒火問道：「怎麼喝成這樣？又去哪裡啦？」

李明航醉意朦朧：「能去哪裡？還不是陪老闆應酬？」

「我是問你去哪應酬啦？」王芳蓉第一次這麼直接明白地追問。

李明航說：「瞧妳問的，喝酒還不是去餐廳！」

王芳蓉很想說「你們是不是去夜店啦」，但沒有說出口。

一夜無話。

第二天一大早，夫妻兩人吃早飯時，王芳蓉忽然開口說：「老公，聽說四川路新開了家夜店。」

李明航隨口附和道：「是啊！」

王芳蓉問：「你去過嗎？」

李明航說：「沒有，去那幹嘛？」

王芳蓉像是早做好了準備：「不用緊張，我不介意你去夜店。」

李明航莫名其妙：「我緊張什麼啊？我不喜歡那種地方，妳又不是不知道。」

輪到王芳蓉無語了，過了一會兒她才說：「其實去夜店沒什麼大不了的，跳跳舞還可以鍛鍊身體。」

這件事就這麼無聲無息過去了。

幾天後，李明航下班前給王芳蓉打電話：「親愛的，今天晚上不回去吃飯了。有個老同學來了，請我們去跳舞。」

王芳蓉立即警覺起來：「怎麼？你不是不喜歡跳舞嗎？」

李明航說：「不喜歡也得去應酬一下。妳不是說跳舞可以鍛鍊身體嗎？就幾個同學，沒什麼。」

王芳蓉沒有反對，但卻莫名煩躁，她很想說：「我跟你們一起去吧」，卻最終沒有說出來。她心裡恨恨地想：「就知道自己去快活，一點也不在乎我的感受。」

等到李明航回家，麻煩來了。王芳蓉不似從前溫柔，對他不理不睬，一個人躺在床上裝睡。

李明航想了好多辦法哄她，她反應冷漠，只是說了一句：「和女同學跳舞開心夠了。」

李明航說：「不只女同學，還有男同學呢！」

王芳蓉一聽，更煩了：「果然有女同學，要不然你就不會去了。」

李明航心想：「難道把我往歪處想了？」於是爭辯道：「妳那天說跳舞沒什麼，所以我才去。」

王芳蓉叫嚷道：「你去跳舞，回家還這麼對我，你真是太沒良心啦！」

結果，夫妻兩人爭爭吵吵鬧了一晚上，第二天都不能按時上班。

因為這件事李明航非常心煩，他搞不懂女人怎麼這麼麻煩，明明說去夜店沒事，但你真去了，她又糾纏不清，真是搞不懂！

心理剖析

「不介意你去夜店」，這句話聽起來相當美妙，卻不是女人的真心話。沒有一個女人會放任自己的老公隨意出入曖昧的場所，即便認可你去，最好也是帶著她一起去。

這才是她的真實意圖。

可是女人不會說出實話，因為這樣的話會讓人覺得她有很強的佔有慾和嫉妒心，對老公不放心。所以，既要表現自己的大度和寬容，又想限制老公的過分舉動，只能採取一點點措施。她說「不介意你去夜店」，保全了她的顏面的同時卻暗含警醒之意：你去夜店的事最好別瞞著我！

【見招拆招】

女人挖坑讓男人跳，展現了這句謊言的最大特色。夜店是個陷阱。如果你心智不夠堅定，真的一個人去了，可能會享受兩個小時的快樂，卻一定換來老婆極度的不滿，使夫妻關係僵化，這種情況有可能持續很久，一兩個月都不消除。

要是非去不可的話，很簡單，請老婆陪同，乃是上策。

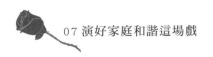

55 「我從不騙人」

【潛臺詞】我是說，除你之外，我從沒騙過別人。

春節時朋友相聚，劉澤成夫婦兩人都參加了。吃飯時，有人對劉澤成說：「聽說你很喜歡釣魚，怎麼樣？參加我們的俱樂部吧！」劉澤成大驚，他很少釣魚，哪裡談得上喜歡？大腦急速運轉，明白誤會的來原了。年前有次聚會，朋友在一起時大談釣魚的好處，他也就順口說了一句：「是啊！釣魚不錯，我也很喜歡。」不過是吹牛，現在朋友們信以為真，真是讓他汗顏。

幸虧劉澤成的妻子反應快，她看出丈夫內心的慌亂，笑吟吟地接過話去：「他喜歡釣魚，可是釣技不敢恭維，真的，我不騙你們。這樣吧！再給他一年時間，我監督他，要是水準提高了，再參加俱樂部也不遲。」

劉澤成向妻子投去感激的目光。有了她的這句話，劉澤成也就只好開始關注釣魚，一段時間下來，技術提高不少。後來，他果真參加了俱樂部，水準還不低。

這樣的事情是不是經常發生在我們身邊？也許有人會說：「太虛偽了！這對夫妻太虛偽

了！」虛偽，向來是個貶義詞，一直為人所唾棄。因為虛偽代表欺騙，誰也不想被欺騙，所以都討厭虛偽。可是如果我們把上面故事進行一下修改，要是妻子聽了朋友的話，當即說：「他哪裡會釣魚？不過吹牛罷了。」結果會怎麼樣？恐怕只能是人家認為劉澤成撒謊，劉澤成呢？丟了顏面，也永遠學不會釣魚，更別說成為釣魚高手了。

夫妻間互相掩飾，是生活的一種需要，畢竟誰也不願赤裸裸地站在公眾面前，適當地掩飾對方，不只是保護對方，也是保護自己，更容易使人際關係融洽。

阿雯最近情緒非常低沉，因為男朋友與她分手了，一個多禮拜的時間，大家都沒有聽到阿雯說話，更看不到她的笑容。

有朋友對阿雯說：「妳心裡難過就哭出來，那樣會好受些。」

「我沒事，你看我這不是挺高興的嗎？」阿雯勉強露出一絲笑容。

朋友說：「我能理解妳，該哭的時候就哭，不哭反笑，會讓我們更擔心的。」

阿雯還是一臉倔強的表情：「我不騙你，真的沒事。」

這是生活中常見的場景，勸慰的人多是出於好心，但是不見得瞭解人心：一個成年人在人前大哭大鬧，這比起失戀來更丟臉。那麼失戀的女子真的「沒事，很好」嗎？地球人都知道，她很難過，很傷心，她之所以如此說，就是成人式的虛偽，當然，也是成人式的堅強。

不要以為說「不騙你」就是一種赤裸裸的欺騙，其實這是對自我的掩藏，還有對他人的尊重。比如丈夫為妻子買的衣服，妻子並不太合意，但是為了丈夫高興，也會裝出高興的樣子說：「很喜歡，真的，不騙你。」丈夫聽了，一定會很開心，這件衣服買的很值，促進了夫妻關係和諧。一句虛偽的逢迎，換來兩人開心，何樂而不為？

相反，如果說了實話：「不太好，我不喜歡」，丈夫聽了會感到失望，妻子也得不到什麼，只能給夫妻關係增添不快。

夫妻之間也好，社交場合也罷，實話實話不見得辦好事，適當的說謊也不一定做壞人。實際上，很多聰明女人都懂得，演好家庭和諧這部戲，隨時隨地都離不開謊言。

心理剖析

什麼情況下會說「從不騙人」呢？研究發現，一個人正在說謊的時候，為了使對方相信自己，會刻意強調自己「不騙人」。

很明顯，這是一種虛偽的表達方式。

但是這種虛偽不見得是惡意。就像故事中講到的幾個人物，她們說了「不騙人」，其實活生生地正在「騙著」，但是這種「騙」不討人厭惡，因為它並無惡意，只是一種掩飾。

掩飾一些不快，快樂就會相對變多。在情緒管理中，兩者成反比例關係。

痛苦少了，快樂就會增多。

所以，儘管所有人都知道「從不騙人」的背後一定隱藏著欺騙行為，可是很多人還是樂於接受，樂於相信，這才是成熟的表現。

【見招拆招】

不要做探究狂，不要盯著女人說過的每句話。相信她，只要她是為了你們的關係更融洽更和諧，相信她好了。

56 「我病了……」

【潛臺詞】不要再對我不聞不問了，否則，我會一直「病」下去……

記得小時候看過一部戲，講述了一對年輕夫婦日常生活中的一個小片段：

丈夫叫陳世鐸，妻子叫梅翠娥。陳世鐸好吃懶做，遊手好閒，常常藉口趕會出去鬼混，摸牌鬥雞，不務正業。梅翠娥與他恰恰相反，不僅勤勞吃苦，還聰明靈巧。她屢次勸說丈夫，可是屢屢不見效果。

有一次，陳世鐸帶著幾貫錢趕會去了。他一去三天，直到把錢輸光了才回家。

梅翠娥很生氣，她決定好好教訓一下丈夫。陳世鐸一進家，就叫老婆給他做飯吃，可是梅翠娥躺在床上生病了，一聲聲喊著肚子痛，別說做飯，床都起不來了。陳世鐸衣來伸手、飯來張口慣了，眼見妻子病得厲害，不由得嚇出一身冷汗。

梅翠娥向丈夫哭訴，她三天多沒吃東西了，很想喝碗麵湯。陳世鐸無法，只好挽起袖子下廚房，可恨他這幾年來只知道玩樂，哪裡懂得做飯辛苦，費盡了九牛二虎之力才煮熟了麵湯。

喝完麵湯，梅翠娥心誠意切地教育丈夫做人要勤勞踏實，不能玩樂無度。陳世鐸在勞動中也有了新的感悟，意識到自己所犯的錯誤，決心改過自新。

這部戲短小有趣，充滿了生活趣味。做丈夫的藉口趕會去賭錢，做妻子的藉口生病教育丈夫，一來一往，生動活潑，不乏機智。這樣的小騙局、小謊言，其實在現代生活中也是無處不在，男人為了玩而撒謊，女人為了愛而裝病，都是人之常情。

欣欣的先生接受同學邀請去參觀畫展，一去好幾天，回來後興奮地對老婆講：「這可真是個高水準的畫展，好多名家畫作都展出了，美不勝收啊！」欣欣正在做飯，聽了這話，頭也不抬地「嗯」了一聲，繼續做飯。老公有些不高興，提高嗓門問：「妳有沒有聽我說？」欣欣一聽，瞟了老公一眼回答：「怎麼沒聽？這不聽著嗎？」老公張張嘴巴，隨即搖搖頭說：「算了。」然後他回到書房，打開電腦，與網友們聊起來。

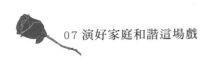

在這個片段中，欣欣沒有表示出積極的附和，挫傷了老公與她繼續交流的慾望。如果她聽了老公的話後說：「參觀的人多嗎？都有什麼畫作？有你特別喜歡的嗎？」老公肯定會神采飛揚、滔滔不絕，把欣欣當作自己的知己。也許欣欣對老公心存不滿，認為他外出多日忽略了自己的感受，那麼她完全可以學學梅翠娥——裝病，或者只是裝作累了、不舒服了，對老公撒嬌：「哎呀，你這幾天不在，我好累啊！快來給我捏捏背。」

裝病，說白了是女人撒嬌的一種形式。男人很少裝病，他們有病也會說沒病，以顯示自己的強壯有力；女人喜歡裝病，病著的女人是嬌弱的、可憐的、需要被呵護、被關愛的。

所以，女人裝病滿足了男人的保護慾，讓他們徒增勇氣和力量，對眼前的「病」女人產生無限同情心和責任感。

心理剖析

「裝」是生活的必需品，女人更懂「裝」的重要性。

沒有誰希望自己的女人有病，「病」不僅意味著痛苦，還要花錢費力，這是男人最不願看到的。即便他對這個女人不夠愛，他也不想她有病在身。

無疑，有「病」的女人更需要照顧和體貼，老公責無旁貸成了首選人物。生活秩序打亂了，有些問題必須男人去處理，他會忽然有很多新發現和新感慨。

裝病，說白了是女人撒嬌的一種形式。

一個裝病的女人，一定在渴望男人更多的關懷、溫柔和愛護。

【見招拆招】

有些男人說，女人裝病他很煩。這說明他對女人缺乏愛心和耐心。一個女人在你面前裝病，很明顯是一種示弱，是一種索愛的表現，即便她做的不夠好，你也要想想自己是不是對她有所虧欠。

一個被濃濃愛意包圍的女人，享受還來不及，哪有時間裝病？

有些男人很怕女人裝病，信以為真地把她當病人看待，這也沒有必要。察言觀色，真病和假病不是那麼難區別，配合她表演，給予關照和溫柔，「病」自然很快好起來。

切記，不要輕易揭穿她的「裝」，赤裸的真相會讓她很沒面子。

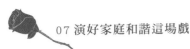

57「孩子在學校的表現很好」

【潛臺詞】親愛的，我不想讓你為孩子的事生氣，或者說我只是想讓你看到我在孩子管教方面比較成功，我不想讓孩子受委屈……

如果說家庭是一個大舞臺，那麼在這個舞臺上表演的除了老公、老婆，自然少不了他們愛情的結晶——孩子。孩子是家庭戲中必不可少的「演員」，為了協調家庭關係，做媽媽的總是不惜對孩子袒護和溺愛。有人將之稱為偉大的母愛，其實這種愛裡面也包含了很多謊言成分。

女人究竟為何為孩子說謊，說來很值得研究。

在兒子六、七歲的時候，我家發生過一件很有趣的事。

這天，太太下班後，拖著疲憊不堪的腳步回到家，打開房門的一剎那，我瞪著眼睛就是一句：「妳兒子居然說我不是他爸爸，妳問問他是怎麼回事？」

之所以對著太太發威，不只因為兒子這一句話，而是許多天以來，在教育兒子的問題上我們存在很大分歧。兒子入學不久就回家抱怨，說同學欺負他，我說小孩子吵架很正常，不要大驚小怪。太太一聽不高興了，責怪我不疼孩子，還去學校責問老師，想為兒子轉學，以致於一點小事，弄得一家人都不開心。後來，我忙著工作的事，很少過問孩子的情況。偶爾聊起來，太太總是說：「他在學校表現很好」，然後列舉種種優異之處，什麼作業做的即時、打掃整潔很細心、上課積極回答問題等等，聽起來兒子儼然一優秀模範生。

當然，這樣的話我愛聽，也愛相信。

太太為了兒子天天研究各種補習班，一會兒想讓兒子學畫畫，一會兒又想讓他學唱歌。對此我持反對意見，認為這是瞎折騰，教育孩子順其自然最好。

結果，太太認為我不關心兒子，還說：「這麼優秀的孩子都讓你耽誤了。」我莫名其妙，又不願與她爭論，只能睜隻眼、閉隻眼隨她去。

在太太的灌輸下，我印象中的兒子都是懂事聰明的，不僅學業好，還有禮貌。然而一切都在這天中午的餐桌上粉碎了。

中午，我帶他去奶奶家吃飯，兒子貪玩，叫了幾次都不肯到飯桌前。等他慢吞吞洗完手，發現最愛吃的炸雞腿只剩兩隻，他一上來就是一頓猛吃。他的表妹也沒有吃完飯，看他吃得「兇猛」，就搶走了剩下的一隻。兒子不願讓她拿走，兩人爭奪起來。雙方的父親見狀，各自訓斥自己的孩子。我認為兒子是哥哥，更該責罵，也許話說得太重了，兒子脫口說出那句驚天動地的話：「你不是我爸爸。」自然，我的巴掌立刻落在他的屁股上。

我等著太太下班後與我爭吵，因為我打了她「優秀」的兒子，她會不會跟我拼命？還有，我要問問她一直說兒子「表現很好很好」，為什麼還這麼不懂禮貌？我甚至懷疑太太平日的誇讚都不是真的，兒子根本沒她說的那麼出色。我滿肚子都是氣，所以見到她就冒出那句話：「妳兒子居然說我不是他爸爸，妳問問他是怎麼回事？」

心理剖析

也許太希望孩子優秀了，女人不惜編造一個個美好的謊言，欺騙自己也欺騙男人。她說：「孩子在學校表現很好」，一方面滿足了虛榮心，一方面告訴男人：「不要小瞧了我，我兒子可是很優秀。」

這是自欺欺人，也是自我安慰。哪個母親不渴望擁有一個超級優秀的孩子，這等於擁有了一個美好未來。

另外，替孩子掩飾，也是女人的袒護心理起作用。她擔心孩子受委屈，害怕老公斥責孩子，所以寧肯隱藏一些事實，只會告訴男人孩子優秀的一面。

這種袒護體現了母性的偉大，也折射出母性的無奈。

【見招拆招】

聽到老婆誇讚兒子時，不要只顧著高興，也要想想這些話背後的含意。老婆無緣無故對你說：「最近這段時間孩子表現不錯」，那麼一定是他有過不良表現了，當媽的才來為他掩飾。

教育孩子是家庭重頭戲，不要把責任全部推給老婆，讓老婆一會兒抱怨，一會兒誇讚，最後你還覺得受了矇蔽。

這一定是你對孩子教育不夠上心，才讓他們母子有了「可趁之機」。

最好的辦法是與老婆達成一致意見，如果出現分歧，也要避開孩子，商量完後再告訴他結果。將教育孩子的責任與老婆一起分擔，會發揮事半功倍的效果。

58 「每個人都有自己的隱私，都需要私人空間，我不會干涉你的」

【潛臺詞】很明顯，如果你我都有外遇，我才懶得管你。

口口聲聲要離婚的趙建昱最近忽然消停了，不再提「離婚」二字，還天天下班回家吃飯，似乎恢復了以往的和諧與美滿。這讓很多人感到不可思議，這個人怎麼回事，鬧離婚鬧得沸沸揚揚，怎麼突然間又轉向了？

趙建昱和妻子都是我們公司的，他們婚後本來很美滿的，還有一個乖巧的女兒。三年前，趙建昱負責一個工程，經常出差不在家，很自然的他有了外遇，與一個女人要好起來了。要說他也是性情中人，擺脫不了新歡的纏綿，回到家與老婆鬧離婚。

趙建昱的老婆一開始根本不同意，又哭又鬧，當然這不利於他們關係和解，反而促發了趙建昱不回家的決心。

再後來，趙建昱一紙訴狀遞到法院，請求判決離婚。

事情到了這步田地，似乎再也沒有挽回的可能。趙建昱的老婆痛定思痛，答應與他離婚，對他說：「我們都是獨立的個體，都需要私人空間，我不會干涉你，但我有一個條件。」她提出三十天之內趙建昱必須天天回家吃晚飯，出門前與自己擁抱一次。

趙建昱同意了老婆的建議。

第二天，趙建昱下班果然回到了家中。他想，吃就吃，有什麼大不了的，早一天擺脫無愛的婚姻，早一天過好日子。他抱著赴鴻門宴的心態回家吃晚飯，女兒顯然不歡迎他，吃了幾口就回房寫作業去了，甚至沒叫一聲爸爸。

他只吃了一碗飯就像完成任務似的離開了。

老婆默默無語。

很快，七、八天過去了，趙建昱依舊天天回家吃晚飯，只是家中的氣氛發生了微妙變化。女兒不再那麼早離開，吃完了還會對爸爸說聲「慢慢吃」，臉上露出微微笑意。這讓趙建昱很開心，也很愧疚。

出門的時候，趙建昱習慣性地在門口等老婆，等她的擁抱。雖然很勉強，但擁抱的剎那，他感覺她瘦了。老婆的心情好像很不錯，還對他說了聲「謝謝」。

二十天過去了，這天晚飯後女兒沒有很快離開，而是坐在客廳裡與爸爸聊天。趙建昱忽然發現女兒懂的東西真多，她已經長大了。這時那個女人打來了電話，他有點不高興，掛斷了電話，沒有離開的意思。倒是老婆察覺出了端倪，主動把包包遞給他。他沒有伸手去接，繼續與女兒說話。很晚了，他才起身離開。與老婆擁抱的時候，他想到以前不管多晚了，老婆從來沒有打電話催過自己。在分開的剎那，他注意到了老婆眼角的細紋，不免有些心酸，有些不忍。老婆輕輕對他說：「天晚了，快走吧！」

轉眼間三十天到了，趙建昱早早回到家中，女兒高興地蹦來跳去，為他做這做那。老婆在廚房裡做飯，叮叮噹噹鍋碗瓢盆的聲音，彙集成了一曲美妙的家庭合奏曲。他心情極好，晚飯後，老婆去洗碗了，他故意提高了嗓門問女兒：「寶貝，今晚爸爸在家裡睡好嗎？」女兒很懂事，眼睛偷偷瞟廚房，廚房裡先是很靜，接著恢復了洗刷碗筷的聲音，聽起來多了高興與激情。

女兒跳起來抱住他：「歡迎爸爸回家。」

趙建昱回到了老婆和孩子身邊，從此與「離婚」徹底說再見。

心理剖析

女人的心機有多深，有時候真讓男人捉摸不透。她說「不會干涉你」，卻在無聲無息中左右你，讓你跟著她一起快樂一起憂。

這屬於高明的計謀，不是每個女人都能擁有的。

男人總是錯誤地低估了女人，認為女人弱小可欺，卻不料她們照樣能打翻身仗。

婚外情屢見不鮮，處理好男人婚外情的女人，卻少之又少。

皆因太感性，皆因太衝動。

痛定思痛，給男人自由，給男人隱私權，怎麼樣，他反而若有所失，感覺不到了偷情的快樂。

女人抓住了男人的心理——虛榮又膽怯，一方面渴望婚外情的刺激，一方面又害怕失去穩定的生活。用親情溫暖男人，用理解打動男人，男人最終有醒悟的時候。

【見招拆招】

隱私不可少，可是危及家庭的隱私，沒有最好。

一旦女人對你談隱私，請做好兩手準備：第一她發現了你的隱私，第二，她個人有隱私。兩種情況都是來者不善，前者讓你擔心受怕，後者讓你驚慌失措。

一旦女人對你說「不會干涉」，說明她做好了干涉你的準備，或者不動聲色或者明目張膽，如果你缺乏足夠的定力，必定會被她牽著鼻子走。

所以，針對女人的這句謊言，沒有什麼可商量的，告訴她：「老婆，放心，我的隱私都在妳的掌控中。」或者告訴她：「老婆，私人空間只屬於妳和我。」

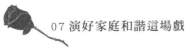

59 「我不過是個弱女子」

【潛臺詞】最好不要小瞧女人，不然你會後悔的。

青青為人妻、為人母之後，越來越有嬌美風韻，人前人後掩飾不住一臉幸福神色。談起自己的婚姻生活，她總是說：「因為我『傻』，所以才有老公和婆家人的疼愛關照。」

青青剛結婚時情況很糟糕。她婆婆十分古怪，青青老公在家時，表現出大度的樣子，十分照顧體貼她；可是兒子一出門，她立即變了臉，吩咐青青做這做那，就怕兒媳婦閒著。等到兒子回家了，她又立刻忙著做家事，累得一會兒喊痛，一會兒叫累。好像兒媳婦特別懶，什麼都不做，不懂得孝敬老人。

對於婆婆的刁難，青青沒有申辯，而是默默地忍受了，並且從此之後更加勤奮地做家事，更加小心地伺候公婆。

老天不負有心人，青青的付出老公看在眼裡，記在了心上。每每夜晚來臨，他都會心疼地愛撫著青青的雙手，給她力量和支持。

經過幾年辛苦，青青終於感動了婆婆，過著真正幸福的生活。

青青以「弱」示人，以「弱」打動人，不失聰明之舉。

實際上，婚姻中幸福的女人總是那些善於示弱的「傻」女人，她們說：「我不過是個弱女子」，肯向老公低頭，肯向老公索愛，以此顯示老公的強大，使老公更喜歡自己、愛護自己。

女人示弱是一種伎倆，一種手段。比如太極的內家功夫，以後發制人、四兩撥千斤取勝，靠得就是「柔」。有些外家功夫太「硬」，確實不適合女人練，還記得《射鵰英雄傳》裡的梅超風嗎？相信沒有幾個女人願意效仿她。女人是感性的，這才更像女人。事事要自己佔先，事事要平分秋色，疾言厲色的背後，是不是有一些色厲內荏的成分呢？

《紅樓夢》裡面的王熙鳳善於在人前示「弱」，為自己拉選票，卻不懂得在老公面前示弱。王熙鳳剛嫁進賈府的時候，跟賈璉的感情是很好的，可是由於王熙鳳太專橫，搞得賈璉灰頭土臉，很沒有面子。有一個賈府的子弟叫賈芸，他想在賈府謀個差事，就找到了賈璉，誰知王熙鳳搶先一步，把職位給了別人。不得已，賈芸親自求到王熙鳳面前，說：「本以為叔叔就可以做主的，誰想竟不能，早知道這樣，不如直接來求嬸嬸，也少走了這許多彎路。」

王熙鳳聞聽此言，心生歡喜，自然給了賈芸一份好的工作。

這還不算，王熙鳳千不該萬不該，不該把賈璉控制得太嚴。縱然她費盡心機，賈璉還是左擁右抱，一夜情會留下頭髮做信物，跟尤二姐更是情誼綿綿。

結果，王熙鳳「機關算盡太聰明，反害了卿卿性命」。

王熙鳳可算女中豪傑，卻難逃被休的命運。究其原因，就是沒有看透榮國府的人情世故。榮國府實際上是一個勢利場，行走其間，每個人都要有強硬的後臺，尤其是女人，更需要丈夫這個最牢靠的後臺。在她一而再地逼迫下，賈璉最終拋下結髮之情，扔下一紙休書。

心理剖析

「我不過是個弱女子」，這句話是女性謊言裡的「萬金油」，無論面對什麼樣的男人，什麼樣的家庭，什麼樣的複雜狀況，一句示弱的話無不瞬間瓦解很多敵意、不滿，為自己贏得寶貴的同情和好感。

其實每個男人的骨子裡都希望自己的老婆柔弱一些、糊塗一些。像王熙鳳那樣精明強幹，會讓他們吃不消。通常人們在說「女強人」的時候，是形容一個女人要強到了爭強好勝的地步，語氣中多少會有一絲貶義的味道。

聰明的女人正是看到了男人的虛榮心，才會以柔克剛。

很多時候，軟弱就是一種堅強。

【見招拆招】

男人，最容易被弱女子打敗，因為他們天生具有英雄氣概，喜歡保護弱者。只要你有了這樣的心思，就跳進了女人挖的坑。她示弱，正是索取你的保護，或者博取你的同情。

當然，如果女人示弱只是為了增進家庭和睦，促進夫妻團結，就由她去吧！你做為男人，站出來保護他、關懷她就夠了。

如果老婆示弱是一種惡意欺騙，比如以「弱」為藉口玩出軌，你就要睜大眼睛，好好認識這個女人了。有必要的話，不妨揭穿她的真面目。

60「我不反對你有紅顏知己」

【潛臺詞】要是你不反對我有異性知己的話，我就允許你有紅顏知己。

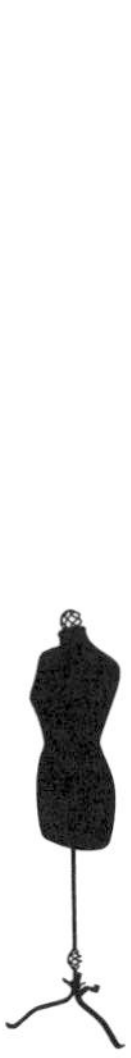

李文龍是一位普普通通的男人，從小沒了父母，在姑媽身邊長大，又在親戚、朋友介紹下娶妻成家。他和老婆認識幾個月就結婚了，彼此瞭解不是多麼深。婚後兩人的矛盾逐漸凸顯，妻子性格外向，喜歡打麻將，不理家務事。他是個內向的人，愛乾淨，不好賭，不好玩。由於性格上的差異，兩人三天兩頭吵架打鬧，驚動了雙方家人。家裡人多次出面勸說，幾乎次次都是指責妻子，叫她少出去玩，多在家看孩子做家務。可是，妻子當著外人面說得好聽，過後很快就忘記了，照玩不誤。

讓李文龍傷腦筋的不只這件事，還有妻子跟他結婚前有過戀愛史，讓他怎麼想都有吃虧上當之感。

儘管這件事在李文龍心裡不舒服，但他沒有想到離婚。後來，李文龍去外地監理工程，很長一段時間沒有回家，這時他聽說妻子與上司傳出緋聞。他當時覺得因為自己長時間不在她身邊，妻子又要撫養孩子又要操勞家務，很辛苦，也就沒太計較，只是想方設法趕緊調回去工作。不久，妻子工作的上司也調走了，換了位新上司。接下來的日子雖有吵鬧，卻不為緋聞煩惱。最起碼李文龍覺得還是過了一段相對穩定的生活。

在這段過程中，李文龍和妻子談論過她與上司緋聞的事，妻子承認上司曾是她的老師，很看好她，還說，上司當年就很喜歡她，為了她可以離婚的。

李文龍聽了這樣的話特別難受。不知怎的，「離婚」的念頭冒了出來。

這種時候，妻子不但不努力挽回婚姻，還不失時機地與新任上司攀上了關係。他發現妻子經常給這位新上司打曖昧電話，有一次被他當場抓到了。妻子沒有悔恨之意，只是說：「我不過是想和上司弄好關係，利於提拔，你不要想太多。」原來，她把曖昧當作了晉升的機會。李文龍很生氣，指責她：「妳這麼做是不要臉，別拿提拔當藉口！」

妻子不以為然：「你不要血口噴人，有本事你也升官發財！」

李文龍氣得沒法，只有逼迫妻子保證不再跟新上司私下聯繫。妻子當著他的面答應了，並說：「你別疑神疑鬼的，我只是想利用他，我向你發誓我跟他沒什麼關係。」看她說的認真，李文龍也只好信了，並說只要她不再跟新上司私下聯繫，他願意原諒她。

最後妻子說：「我不像你那麼敏感，我不反對你有紅顏知己，只要對你有好處、有幫助。」

這話讓李文龍無語，也讓他心傷。過後沒多久，他果然發現妻子還是與新上司保持曖昧關係，在他抓住後，妻子表示她和新上司只是彼此喜歡，彼此欣賞，沒有其他，還說這對她工作有利。

李文龍再也不想這麼遷就下去，他提出了離婚。可是為了孩子，妻子很猶豫，李文龍也難下決心。

心理剖析

世故如此的女人，謊言純粹是一種赤裸裸的欺騙。

對她來說，婚姻是一塊再好不過的遮羞布。有了婚姻做擋箭牌，她更有底氣，也更有退路。

【見招拆招】

傷心總是難免的。遇到這樣的女人，男人一定傷痕累累。

受傷不是目的，做為男人一定想盡快處理這種局面。在這個世界上，「各玩各的」夫妻也有很多，誰也不干涉誰，有個共同的家，卻過著名不符實的婚姻生活。習慣了也就自然了。

但是，更多男人不願接受這種生活，無法忍受這種女人。那好辦，如果經濟上不是依賴她吃軟飯，何必受這份窩囊氣？

Contents 08

危機時代危機的愛
——傷不起的永遠是女人心

這個時代，這些男女，最喜歡的情感模式不是戀愛，不是婚姻，而是曖昧流行式。

男人喜歡曖昧，女人更喜歡曖昧。

不僅如此，女人還是貪心的，既要男人的責任，又要曖昧的情趣。

可是男人很現實，現實很殘酷。

在這個殘酷的世界行走，女人必須小心翼翼。

儘管男人總在懷疑女人，猜測女人，可是傷不起的永遠是女人心。

因為與一個男人有了私情，註定對不起另一個男人，周旋在兩個男人之間，受傷的只能是女人。

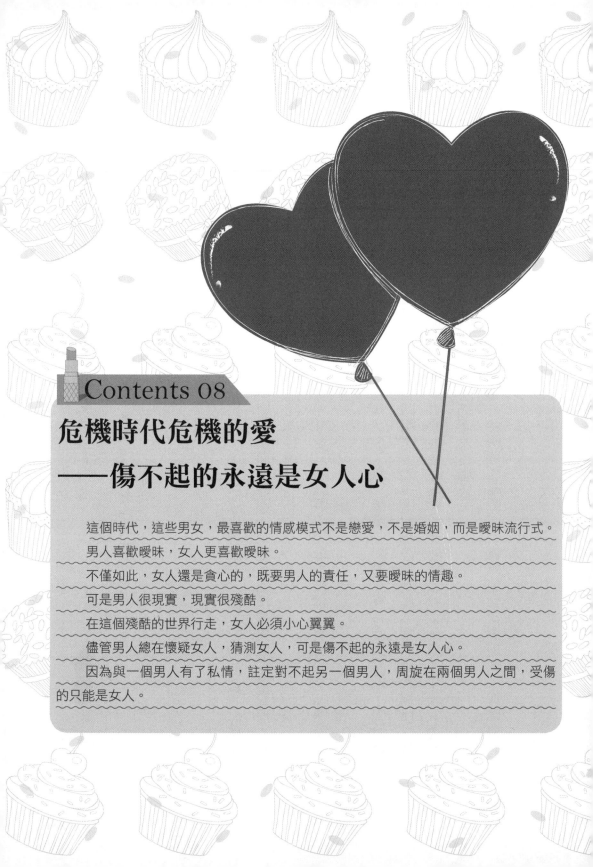

61「知道你過得好，我就安心了」

【潛臺詞】可惜我沒有這樣的福氣，其實，我心裡一直想著你。

十二年前，蔣明德結識了秦麗佳，他們是同鄉，都是二十歲左右的年輕人，彼此很有好感。蔣明德很喜歡秦麗佳，覺得她漂亮能幹，有愛心，通情達理。只是，他沒有勇氣向她表白，不久秦麗佳的家人就給她介紹了男友，並催她回去訂親。

秦麗佳對蔣明德說，她不願意回去訂親，可是又不想傷害父母。據說那個男的家庭條件比較好，人又老實能幹，無不良嗜好。

最終，秦麗佳還是與男友訂了親，之後就回來工作。秦麗佳的男友有時會去看她，由於當時行動電話還不普及，他每次只能先聯繫到蔣明德，然後由他轉告秦麗佳。蔣明德看到自己喜歡的人與男友在一起，心裡十分難過。有一次，他還偷偷寫了封求愛信，卻最終沒有送出去。他覺得自己的條件不如秦麗佳的男友，只好把愛埋在心底。

轉眼間，兩年過去了，秦麗佳回家結婚，蔣明德也離開了，輾轉回到家鄉創業。從此他們很少見面，但彼此十分牽掛，一轉眼又過了幾年，蔣明德透過各種途徑打聽秦麗佳的消息。聽說她不喜歡男友，拖了四年才結婚。蔣明德感到很後悔，為什麼當初自己沒有表白呢？

當時和蔣明德一起時，有位同鄉問秦麗佳：「如果妳喜歡一個人，會不會跟他表白？」

秦麗佳回答：「才不會，那樣多丟臉。」

蔣明德想起這件事，更覺得當初秦麗佳是喜歡自己的，只是和他一樣沒有勇氣表白。

後來，蔣明德和秦麗佳又取得了聯繫。如今兩人幾乎天天在網路上聊天，秦麗佳告訴蔣明德她過得不怎麼好，老公不愛說話，也不知道哄人，就知道賭氣，一賭氣十多天不說話，兩人實在無法溝通。蔣明德聽了這話，除了安慰，還表示了心疼。他很想念秦麗佳，很想對她說：「我喜歡妳」，可是就是說不出口。

看得出來，秦麗佳也很喜歡蔣明德，大事小事都跟他訴說，還說幸福都是裝出來的，為了孩子只好跟老公過下去，那口氣好像很無奈。

有一次，他們兩天沒有聯繫上，蔣明德抑制不住對她的思念之情，發封簡訊約她上網說話。秦麗佳上網了，與他訴說發生的點點滴滴，從孩子到父母，從家庭瑣事到身邊見聞，末了，她意味深長地對蔣明德說：「現在的我什麼都不想了，知道你過得好，我也就安心了。」

聽起來是寬慰之語，蔣明德聽了卻莫名心酸，他深深地感覺到秦麗佳就是自己的知己，只有她最懂自己。

過了幾天，蔣明德生日時秦麗佳打電話過來祝賀，他很感動；秦麗佳生日時，他早早地給她打過去了電話，他們就這樣保持著曖昧關係。誰也沒有挑明，可是誰都把對方當作知己。

昨天晚上他們聊天時，秦麗佳說：「我的婚姻是父母做主的，我一點也不願意。」

蔣明德聽了，覺得都是自己太懦弱了，以致於當年錯失良機，失去了與心愛女人結合的機會。如今，兩人都已成家立業，再談婚論嫁是不是為時已晚？

心理剖析

男人喜歡曖昧，女人更喜歡曖昧。

不同的是，男人的曖昧是為了性，女人的曖昧只是為了曖昧。

女人很希望有個傾訴的對象，如果這是個對自己有好感又沒有傷害的男人，那是再好不過了。

「知道你過得好，我也就安心了」，女人對男人說的這句話，擺明了是一種誘惑，可是又有著拒絕之情，你過你的，我過我的，這才安心。

【見招拆招】

一個女人發出的曖昧信號，很容易擊中男人的心。

可是，曖昧歸曖昧，女人很難把曖昧與婚姻聯繫起來。她只是要你做她情感的備用者，性的備用者，而非婚姻備用者。

比如故事中的秦麗佳，一而再訴說老公的不是，強調她的不滿，可是她講的這些內容並非多麼嚴重。兩人過日子，天長日久，有了審美疲勞，有了牢騷抱怨，再正常不過。

再說像秦麗佳這樣的女人，不是為自己一個人活著，是為了整個家庭活著，要她辜負整個家庭，要她不顧顏面與其他男人私會，幾乎不可能。

蔣明德做為暗戀她十二年的男人，應該心中有數，她的抱怨不是暗示，她說的最多的是她的生活，她的家庭，這一點足可證明，那些才是她的全部。你不過是一個忠實的傾聽者。

不要再癡迷，不要再心傷，十二年了，該了斷就了斷吧！

62 「如果我們早點認識就好了」

【潛臺詞】恨不相逢未嫁時，這句話好像是為我準備的，不知道你是否也有同感？

那次聚會時，來了好多彼此不太熟悉的人，朋友黃立磊坐在角落裡喝咖啡，一個女孩靠過去，略顯疲憊地說：「借你的肩膀靠靠。」他愕然，隨後大度的點頭。

女孩在他的肩膀哭了很久。

朋友們以為這是一個浪漫故事的開頭，可是沒有「後來」。

「真的沒有後來嗎？」還有人不甘心，不相信。

「真的！」黃立磊回答。

現代人的生活不再那麼簡單，也不再那麼清純，「第四類」感情彷彿雨後春筍，在男男女女間瘋狂地提高。這是一種比友情多一些，比愛情少一點的情感，曖昧之癢，刺激了所有人最隱私的神經。

那天下著雨，雨絲拂過臉龐，頗感清爽。黃立磊手裡撐著一把雨傘，這是出門時老婆塞給他的，可是他覺得沒什麼用處。大街上人來人往，多的是沒有傘的匆匆路人。他在傘底下陡然間增加了優越感，正是這份優越感讓他可以從容地觀察每位路人。

他遠遠看見了人群中沒有打傘的她，他目光與她碰觸的剎那，有種被吸引的快樂。黃立磊試探地朝她微笑，她報以同樣的回應，而且向他走來，溫柔地問道：「可以在你的傘下避避雨嗎？」黃立磊將傘移到了女人的頭頂上，讓自己的大半個身體露在雨中。

女人向他發出會心的微笑，好像心有靈犀，他們誰也沒有挪動半步。

在傘下站著，任憑雨絲和行人從身邊擦過，那一刻，簡直浪漫到了極點。

後來，女人不知不覺靠在他的肩膀，她很疲憊，她需要關懷。黃立磊沒有絲毫不妥的感覺，反而自然地攬著她。這樣的速度是不是太快了？還是有什麼其他陰謀？

實際上，黃立磊什麼都沒想，他只是在體驗這種新鮮的快樂的感覺，讓他莫名的感動，莫名的喜歡，卻沒有任何負擔和幻想。他想，她一定也是這樣的感覺，也喜歡這種邂逅。

再後來，他們開始邀約，就像戀人一樣坐在咖啡店的座位上，聊天，說著漫無邊際的話。每次他們說的都不多，好像說多了就會破壞現有的氣氛，只是愉快地傾訴，愉快地傾聽。

女人說自家老公的壞話，黃立磊除了表示同情，也會說幾句對老婆的不滿。她說工作中的不順，黃立磊幫著分析，為她出招，然後也會抱怨事業的障礙，女人則給予輕聲安慰。

他們很少觸及感情話題，只有一次，女人說了句：「我們要是早點認識就好了。」黃立磊有些心動，認為這是女人發出的愛情信號。他很想有進一步表示，比如說發展婚外情，與她建立真正的情人關係。可是女人似乎沒有這方面意思，她最喜歡的還是享受目前的狀態。

過了兩天，他們去看了電影。這是部愛情影片，受其薰染，回來的路上黃立磊吻了她，他很激動，女人卻比想像的平靜許多。和陌生人戀愛，黃立磊忽然有了這樣的想法，他覺得自己很可笑。也許認識他們的人都把他們當作了戀人，可是他清楚，這是一種極其曖昧又極其混沌的感情狀態，未來不置可否。

黃立磊覺得自己像是吸毒成癮者，無法擺脫女人的誘惑。可是她究竟是如何想的，她不是一個輕浮的女人，對他無所圖，甚至他們的交往帶有無邪的純真。只是，只是他實在搞不懂這種狀態會維持多久，自己在這場關係中扮演著什麼樣的角色。

心理剖析

在男人眼裡，最可愛的女人是那種有許多話要說，卻偏不說出來的。

這樣的含蓄，很容易成為男人眼裡的含情脈脈。

生活很現實，男人已經聽夠了柴米油鹽的故事，邂逅一個紅粉知己，沒有太多話，沒有太多世俗，沒有太多企求，就那樣靜靜的，一時間浪漫無邊。

幾乎每個男人都渴望遇到一個不食人間煙火的狐狸精，就是這麼個道理。

狐狸精不是那麼好修練的。千年輪迴，今世重逢，卻還是「恨不相逢未嫁時」。《天龍八部》裡有一節叫「酒罷問君三語」，問一個人一生中「最快樂逍遙的地方、最愛的人、最愛的人的相貌」。段譽的回答是「枯井底、污泥處」，和癡戀了多日的王語嫣總算心意相通兩情相悅。但是這也是一種過去式，想來這位大理王子和王妃的「後來」未必比查爾斯和戴安娜好到哪裡去。如果時間凝固在世紀婚禮的一刻，誰敢說查爾斯王儲的婚姻不是最浪漫的呢？

所以，狐狸精的浪漫是一時的呈現，她未必真想與那個男人共度一生，或者她早已看破紅塵，不屑男歡女愛。只是，只是妄擔了狐狸精的罪名，情何以堪？她畢竟是個女性，怎能擺脫男性的迷惑和愛戀。

【見招拆招】

正是浪漫的即時性讓男人如此喜歡狐狸精，不忍背上出軌的惡名也要勇敢地試一試、嘗一嘗。

可是，浪漫存在於剎那間，它不會延續，任何人也不要渴望它延續。

不必太留戀，過去的總會過去。她只是你情感路上的一個行人，匆匆來匆匆去，足夠了。「早點認識」不一定「就好了」，現在相識也不必有什麼負擔。

無疾而終也許是你們最好的選擇。

63 「遇到你，總會讓我重溫童年的快樂」

【潛臺詞】你讓我感覺到了溫暖和快樂，讓我想起年少時的夢想與純真，如果有可能，我很想，很想與你一起回憶童年時光……

有一個女網友發文說，她要離開一段時間，去流浪。當即引來圍觀者無數，有人替她擔心，有人替她惋惜，有人替她難過，這麼漂亮的一個女人，流浪與跳樓何異？

在好事者圍追堵截下，她最終說了事情真相，原來她最近動了美容手術，用雷射打掉了耳邊一顆黑痣，她不想讓朋友們看到面部「災情」，故此決定躲避一下，然後給眾人驚喜。

真是讓男人們跌破眼鏡，女人的心思究竟在想些什麼？

其實，這個女網友之所以動手術，也不是心血來潮，而是別有用心。她在我們論壇很活躍，也算是大眾情人之類的人物，很多男網友喜歡她，追求她。追求的男人一旦多了，女人不知不覺就會驕傲起來，恃寵而驕，情有可原。

有一次，我和她在論壇相遇了，說了幾句客套話之後，她忽然說：「遇到你，我總會想起童年的快樂時光。」

這是什麼意思？我大腦急速運轉，然後回覆了一句：「是嗎？妳是說我很幼稚、很可愛。」

她哈哈大笑：「還是第一次聽男人這麼說自己。」

我說：「那麼，其他男人都怎麼說？」

她說：「你跟別人不同，但你沒有理解我的意思。」

我真不知道她想說什麼，總而言之，感覺到了一絲曖昧在流淌。

後來，她跟我講了很多童年的故事。她出生在一個偏僻的小山村，雖然貧窮，但過得很快樂，她有幾個很要好的夥伴，天天在一起玩耍，然後一起上學讀書。那時的天空特別藍，人心特別純，她一直很喜歡她的班長，那個虎頭虎腦的男孩子，多年來不斷出現在她的夢中……

她跟我講了很多，那段時間幾乎天天晚上準時上網，準時開講。我默默聽著，感受著一個女人童心未泯的純真與快樂。說實在的，這種傾訴很容易打動男人的心，讓他想入非非。我也不例外，總覺得自己就是她喜歡的那個班長，有責任保護她、關心她。

我們的關係不斷升溫，一些網友開始拿我們開玩笑，而她，似乎不以為然，她說：「我有很多要好的網友，我們只是聊天，沒有其他。」

這讓我很尷尬，明明她在有意識地勾引我，為什麼還要出來撇清？難道真如她說的，只是一種純粹的傾訴，再無其他。我也知道與她曖昧的男人不只一個，可是我還是不甘心。

這時，由於工作關係我不能準時上網了，現實所迫與她聯繫減少。人就是這樣，一旦脫離某種環境，心情也會隨著改變，我逐漸從她講述的「童年時光」中走出來，我恍然發現，自己曾經那麼幼稚、那麼可笑。

又過了不久，就聽說她要「去流浪」的話，幾個要好的網友告訴我，她精心炮製的「童年故事」迷惑了很多男人，可是這些男人後來都與她疏遠了，也許忍受不了寂寞，所以她又想到了「流浪」的新聞效應。真不知道她心裡到底想的是什麼？

心理剖析

害怕寂寞，是女人普遍存在的心理。她需要男人的呵護和滋潤，離開男人的女人，猶如失去水分的花朵，很容易枯萎。

女人清楚自己的所需，會不斷向男人傳遞愛的訊息。

女人又極其虛榮，希望更多男人來關注自己。

她與男人說「童年」，一定在心底渴望溫柔與關注，一定希望這個男人貼近自己的生活。還有什麼比童年更純真？「我把最純真的記憶留給你，你要珍惜，要愛護。」

這是一種如小溪般委婉動人的謊言，講的是純真，是快樂，渴盼的是兩性相悅，是最原始的溫柔相待。

這才是女人的真實目的，童年是一個藉口，是一個美麗動人的外衣，之下掩藏著人類原始的衝動與性愛。

【見招拆招】

男女之間最喜歡的事情是調情，撩動情思，似有若無，那感覺豈一個「妙」字了得！與女人調情，男人要把握分寸，不能陷得太深；深了，毫無意義，也毫無美感。對於女人的「童年故事」，盡可以當作調情的一個藉口，給予關注和溫柔，但不能信以為真。

她的故事可以對很多人講，你的關心也可以與很多人分享，僅此而已。

如果不想與之分享，那麼簡單地回覆：「謝謝妳，可惜現在我們都成家立業，哪有時間回顧往事。」女人聽了，一定知難而退，或者把你當作無趣的人。

64 「其實我一直沒勇氣接受你」

【潛臺詞】難言之隱，說了不好，不說也不好，真正的左右為難。

丁辰韋是公認的帥哥，不僅長得帥，而且年輕有為，二十五歲就當了業務部主管。這樣的人才，老闆喜歡，女孩們更喜歡。在他身邊，總少不了年輕漂亮的女孩子，等著他挑選。

丁辰韋工作快三年了，也許是挑花了眼，始終沒有定下來合適的戀愛對象。

可是，在某個週末出現了轉機。臨下班時，丁辰韋忽然當著所有人的面送給雲清一束紅玫瑰。雲清進公司不久，在丁辰韋部門工作，人很漂亮，也很能幹。她面對突如其來的紅玫瑰，以及卡片上的文字：「遇到妳，我才明白了愛情的含意」，顯然很意外，也很吃驚。在眾人一片興奮的叫喊聲中，她並沒有接過紅玫瑰，而是故作高傲地離開了。

她的高傲激起了丁辰韋的征服慾。接下來的日子，丁辰韋展開了猛攻，又是默默關心，又是好心提醒，不離左右的愛護，恰到好處的鮮花、禮物，漸漸地，所有人都在等待雲清的認可，等待郎才女貌戀情的上演。雲清明顯被打動了，但奇怪的是她一直沒有答應丁辰韋。

一個午後，辦公室裡只有他們兩人，默默相視許久，雲清忽然垂下眼瞼，輕聲說道：「其實，我一直沒有勇氣接受你。」

丁辰韋握住她的手：「是我讓妳害怕了嗎？對不起，以後我會很小心。不要怕，有我在，什麼都不要怕。」

雲清咬著嘴唇，想說什麼又沒說。

丁辰韋抬手輕撫她的頭髮，她沒有拒絕。終於，他們開始交往了。

別提丁辰韋多開心了，這時他才發現原來雲清多麼喜歡他，多麼願意與他在一起。他有時候跟她開玩笑：「妳矜持那麼久，真是浪費了好多時間。」

雲清接受了丁辰韋，從心裡渴望戀情長久美滿，並開心地邀請他到自己家去。

然而，這次拜訪給他們的戀情澆了一盆冷水。丁辰韋是一個人去的，在社區門口他意外地聽說了雲清以前的事情。原來，她曾經被一個老男人包養，為其生過孩子。她與老男人之間是赤裸裸的交易關係，她為他生孩子，他給她房子、車子和票子。

真如晴空霹靂一般，丁辰韋不知道怎麼回到公司的，他不能接受這樣的事實，他恨雲清為什麼不告訴他實情。

丁辰韋不能原諒雲清，他失去了所有的熱情。雲清並不知道事情原委，還以為丁辰韋移情別戀，因此心有不甘地找到他，質問他。丁辰韋冷冷地說：「妳自己做過的事，沒必要讓我重複一遍！」

其實，雲清對過去的事差不多忘了，由於從小父母離異，她跟著年邁的外公外婆長大，讀到高中就輟學了，後來在朋友介紹下做了房屋仲介，就在那時她認識了那個老男人。長期生活在社會底層的她，經不住老男人的金錢誘惑，遂演繹了一段荒唐戀情。

如今，本打算重新開始新生活的夢想，被過去的情史擊碎了。雲清痛苦難當，丁辰韋呢？受到這樣的傷害後，再也不肯相信雲清，那樣清高純潔的女人，怎麼會有這樣不堪回首的往事？

心理剖析

女人不肯對男人說自己的過去，說明她真的在乎他，害怕失去他。為了不失去他，盡量展示自己最優秀的一面。

因為男人很現實，現實很殘酷。

在這個殘酷的世界行走，女人必須小心翼翼。

男人，無法容忍自己的情人有過去，何況還跟別人生過孩子。

不隱瞞怎麼辦？坦白地說：「我跟別人生過孩子，你喜歡我嗎？」這簡直不把男人放在眼裡，直接把他氣跑、嚇跑。

不得不說謊，不得不欺騙。

【見招拆招】

在打擊中成長，男人更容易看透生活的本質。

世上沒有公平，關鍵看你如何想。如果你很愛一個女人，愛到可以接受她的過去，也沒什麼，這是愛情的力量，也是你胸懷寬廣的體現。

如果你愛她，卻無法接受她的過去，那就趁早說再見。拖下去，只能越來越受傷。

65 「我們應該給彼此一點緩衝時間」

【潛臺詞】我不是很滿意你，卻又離不開你，很矛盾，很糾結……

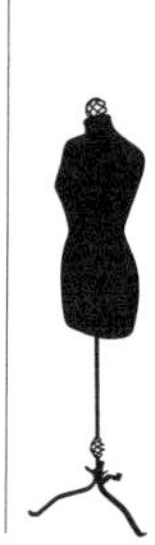

都說巧文是一位大膽開朗的女性，她敢愛敢恨，與多位男士傳出過緋聞，身邊總少不了追求者。就是這樣的女人，曾經向朋友孫明濤頻頻示好，並邀他共進晚餐。

孫明濤在情感領域也有過不少花邊新聞，這樣的一對男女相遇，必定會上演很多激情的戲碼。

一次晚飯後，他們喝酒、跳舞，慵懶而性感的爵士樂給人蜜糖一樣的感覺，孫明濤不自覺與她越貼越近，被她身上的氣味深深迷倒。就在他欲醉欲迷之際，她輕聲問他：「你愛我嗎？」除了說「愛」，還能說什麼？

可是，巧文沒有被一個「愛」字打動，反而溫柔地推開了孫明濤，她輕快地跳開，從隨身帶來的手提袋裡拿出一件輕紗睡衣，回身吻了他一下：「你乖乖地等我哦！」然後她就鑽進浴室。孫明濤簡直坐立不安，一口氣喝完杯中的酒，腦袋裡一片空白。

不一會兒，她從浴室出來了，手裡多了一把牙刷。她說自己忘了帶牙刷，可不可以先用用他的。孫明濤反射性地回答：「不好吧！」她臉色一變，將牙刷扔給他，抓起手提袋轉身離去。在門口她回頭說了一句：「你果然一點也不愛我。」一把牙刷毀了一次甜蜜的邂逅，卻讓彼此清醒過來，原來他們之間沒有真正的愛情。

孫明濤雖然有些失落，卻很欣賞她的聰明。

之後，巧文和孫明濤還是若有似無地聯繫著，沒有太親密的舉止，也不生份。男人就是這樣，越得不到手的東西越想要，他抑制不住對巧文的衝動，很想與她進一步發展。

這天，孫明濤下班後邀請巧文跳舞。巧文答應了，她舞跳得很棒，在舞池裡吸引了眾多異性豔羨的目光。這讓孫明濤莫名的煩躁，他好像忽然間愛上了巧文，上去抓著她往外走。

巧文跳得正起勁，哪肯這麼快離開，依舊扭動腰肢，與舞伴們晃來晃去。

孫明濤覺得很沒面子，一個人坐著喝悶酒。不知道過了多久，巧文回到他身邊，看他落寞的神情，燦爛地笑了：「生氣了？」

孫明濤不語。

巧文喝了一口紅酒，盯了他幾秒鐘，然後歪著腦袋，眼睛朝向舞池說：「別這樣緊張，我們還是給彼此一點緩衝時間比較好。」

孫明濤想，這是什麼意思？是想留出一段時間考驗自己嗎？他覺得巧文有些太自傲了，她是什麼女人，還敢來考驗自己，真是笑話？

巧文好像看透了孫明濤的心思，轉過頭看著他說：「沒什麼，我覺得時間是最好的朋友，它可以證明一切。」

孫明濤不想說什麼，他也搞不清自己到底怎麼回事。面前這個女人，值得愛嗎？不值得愛為何又會為她煩躁、為她生氣呢？也算是情場老手了，難道就這樣敗在她的手下？

心理剖析

與其說這是一場愛的遊戲，倒不如說這是一場性別的較量。男人和女人都怕吃虧，都怕上了對方的當。既捨不得放棄，又不願多付出。

所以，女人說「緩衝」，表面看給彼此留下了迴旋的餘地，實際上說明她內心對男人的感情，說不上厭惡，也說不上多麼喜歡。就這麼結束，讓她心有不忍，就這樣與他戀愛，心有不甘。

說到底，她希求一種曖昧的情緒，希望男人與她繼續「玩」下去。

這是現代女人很典型的情感追求，不要太多，也不要太淺。

有男人相伴，總比一個人寂寞要好得多。

至於結果如何，她才不想那麼多。

【見招拆招】

女人給你緩衝的時間，有兩種可能，一她想藉這段時間繼續尋覓，二她不想與你分手。怎麼算她都是贏家。這就是她的心思。

遇上這樣的女人，男人算是遇到了厲害的對手。擺平你們的關係，不僅需要感情還要智慧和理性。

很明顯，不被她牽著鼻子走，就當面告訴她：「可以，說不定我們都會緩衝出喜歡的另一半。」也可以說：「朋友，妳找別人緩衝吧！我已經找到緩衝的對象了。」還可以說：「我可經不起時間的考驗。我投降，我不浪費妳的時間了。」

當然，男人很少主動拒絕女人，他骨子裡希望與越多女人交往越好，哪怕一兩個緩衝者。只是你要記得，在情感較量中，贏家一定是那些敢愛敢恨的女人，她操控著與你的交往，讓你狼狽落敗。

66

「傷不起的永遠是女人心」

【潛臺詞】這樣的話說出口，我已經很疲憊，信不信由你，我管不了那麼多。

三十歲左右的女人該有多大的吸引力？少婦初成，風情乍洩，引無數男人競折腰。

二十九歲的盈盈是一家模特兒公司的職業模特兒，姣好容顏，迷人身材，兩年前嫁了一個科技大學畢業的高材生，如今創業有成，擁有自己的公司，這是多麼令人羨慕的一對夫婦。

可是，盈盈的故事並非這麼簡單。早在讀大三的時候，她出於好奇在校外租房住，結識了一個叫宋明傑的男生。他們合租一間房子，相處還不錯。盈盈喜歡看電視，宋明傑也不干涉，只是偶爾過來瞧一眼。漸漸地，她瞭解到宋明傑有個在澳洲的女朋友，他正積極準備出國與女友團聚。

宋明傑是個球迷，因為看球不得不與盈盈搶電視看。為了討好盈盈，他拉著她一起看，免得兩人鬧意見。還別說，盈盈在他影響下，也逐漸喜歡上了足球。

一次深夜，他們坐在一起看球，喝啤酒，忘乎所以。球賽結束了，他們還沒有睡意，盈盈就提議看她買來的光碟。這是一部好萊塢影片，鏡頭中幾次閃現出情愛鏡頭，呻吟聲讓他倆坐不住，很尷尬。結果，宋明傑把持不住向盈盈求歡，嚇得盈盈跑回臥室不敢出來。

有了這次表白，宋明傑更大膽地向盈盈示愛。兩個年輕人乾柴烈火的，越來越像情侶，只是沒有越過最後那道防線。這時，宋明傑接到了去澳洲的通知，兩人不得不分手。

之後，盈盈很多年沒有談戀愛，直到成了人們眼裡的剩女，才在父母安排下相親、結婚，嫁給了現在的丈夫成宇。

成宇很會賺錢，只是由於工作關係常常加班、出差，沒有太多精力顧及盈盈的感受。好在盈盈沒有當回事，反而覺得能擁有個人空間更好，成宇很高興、很感動，對她體貼入微。可以說，他們夫妻關係非常和諧溫馨，充滿了溫柔愛意。

就在盈盈充分享受婚姻的幸福時，不該出現的人出現了。宋明傑從澳洲回來找到了她，對她說自己與女友的關係不好，他想回國創業，女友不同意，兩人遲遲未婚，他很想念盈盈。

盈盈在見到他的剎那，才驚覺自己一直沒有忘記他。沒有任何意外，在浪漫的晚餐後，微醉的盈盈和宋明傑終於睡在一起了。接下來幾天時間，他們天天沉浸在情愛的慾海中不可自拔。

盈盈一面享受愛慾的歡樂，一面痛恨自己偷情背叛了老公，她一次次對宋明傑說：「我再也不能欺騙成宇了，我不能繼續傷害他。」每每這個時候，宋明傑都會撫摸著她的淚痕，發誓賭咒說回去就和女友分手，然後等盈盈這邊的決定。

宋明傑返回澳洲的日子很快到了，在機場盈盈哭成了淚人。宋明傑說，他在三天內會解決與女友的事，等他辦完手續立刻飛回來。

郎君一去不復回。盈盈等啊等，三天過去了，沒有任何消息，五天過去了，還是沒有回音。盈盈打電話過去，對方處於關機狀態。她徹底死心了，可是她無法面對老公成宇。

盈盈的負罪惡感越來越重，她變得有些神經質，見到老公就會心慌不已，她拒絕與任何人溝通。

成宇察覺到了盈盈的變化，他打聽她的事，他產生了疑惑和不解。盈盈不肯與他說任何事情，逼急了會嘆氣，會感慨：「傷不起的永遠是女人心啊！」他更加困惑，到底是誰傷害了她？

盈盈無法原諒自己，也無法坦然面對成宇，她知道這樣不利於她的婚姻，可是該向他坦白一切，還是繼續隱瞞下去？她覺得好累。

心理剖析

如果說女人的謊言是男人逼的，那麼她的謊言除了掩飾，還有無奈和不得已。

儘管男人總在懷疑女人，猜測女人，可是傷不起的永遠是女人心。

與一個男人有了私情，註定對不起另一個男人，周旋在兩個男人之間，受傷的只會是女人。

即便她很強大，即便她不在乎，可是男人往往比她更不在乎。

這就是性的差異。

女人睡的男人越多越貶值，男人睡的女人越多越增值。

「傷不起的是女人心」，這是藉口，也是實情。受傷後的女人誰來替她療傷？除了她自己，再無第兩人。

【見招拆招】

老婆出軌，幾乎很難得到老公的原諒。

不管是什麼樣的藉口、什麼樣的理由，沒有男人願意戴綠帽子。

可是，她已經認識到了錯誤，她已經有了悔恨之意，她願意與你重新開始，是不是該給她一次機會？

盈盈是個好女人，她錯就錯在太相信初戀，被初戀的美好光環吸引，以致於釀成大錯。很多時候，只有經歷了痛苦才知道什麼是真愛，盈盈就是這種情況。在被前男友玩弄後，她痛定思痛，當真開始重新認識與老公的愛情婚姻，她真的成熟了。

漫長的婚姻生活，誰也不能保證不犯錯。做為男人，容忍老婆的錯誤，與老婆一同成長，共同承擔，才會真正收穫幸福。

國家圖書館出版品預行編目資料

女人為什麼要說謊？／凱文．王著.
－－第一版－－臺北市：宇河文化出版；
紅螞蟻圖書發行，2013.3
面　；　公分－－(Wisdom books；12)
ISBN 978-957-659-929-3（平裝）

1.兩性關係 2.說謊

544.7　　　101027866

Wisdom books 12

女人為什麼要說謊？

作　　者／凱文．王
責任編輯／韓顯赫
美術構成／Chris' office
校　　對／楊安妮、賴依蓮、周英嬌
總 編 輯／何南輝
發 行 人／賴秀珍
出　　版／宇河文化出版有限公司
發　　行／紅螞蟻圖書有限公司
地　　址／台北市內湖區舊宗路二段121巷19號（紅螞蟻資訊大樓）
網　　站／www.e-redant.com
郵撥帳號／1604621-1　紅螞蟻圖書有限公司
電　　話／(02)2795-3656（代表號）
傳　　真／(02)2795-4100
登 記 證／局版北市業字第1446號
法律顧問／許晏賓律師
印 刷 廠／卡樂彩色製版印刷有限公司
出版日期／2013年 3 月　第一版第一刷

定價 280 元　港幣 93 元

ISBN 978-957-659-929-3　　Printed in Taiwan